Dieter Groß

Das Fahrabzeichen

Vorbereitung auf die praktische und theoretische Prüfung für Fahrpass und Fahrabzeichen

KOSMOS

BASIC LINE
UNLIMITED
BANER

Haupt- und Landgestüt Marbach a.L.

Die Fahrlehre

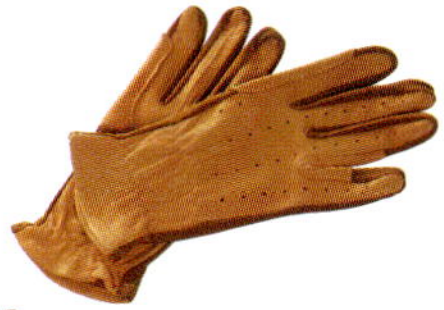

Die Fahrabzeichen bescheinigen dem Fahrer, dass er sich mit seinem Gespann sicher und ohne andere zu gefährden im Gelände und auf der Straße bewegen kann. Die Grundlage für die Fahrabzeichen hat der Fahrer zuvor mit dem Basispass Pferdekunde erworben. Der Basispass kann gemeinsam mit einem Fahrabzeichen abgelegt werden und bescheinigt dem Inhaber Kenntnisse und Fertigkeiten im sachkundigen und artgerechten Umgang mit dem Pferd. Geprüft werden Themenbereiche aus dem Pferdeverhalten, dem Umgang mit dem Pferd, Fütterung und Gesundheit (siehe auch Hölzel, Petra: Basispass Pferdekunde, Stuttgart 2000).

Nach dem Erwerb des Basispass Pferdekunde kann der Fahrer sich auf das Gelände- und Distanzfahren spezialisieren und als Grundlage hierfür den Deutschen Fahrpass ablegen. Der Deutsche Fahrpass richtet sich speziell an Geländefahrer.

Die überwiegende Zahl der Fahrer legt nach dem Basispass Pferdekunde die Prüfung zu einem der klassischen Deutschen Fahrabzeichen ab.

Auf den Grundlagen der Fahrlehre

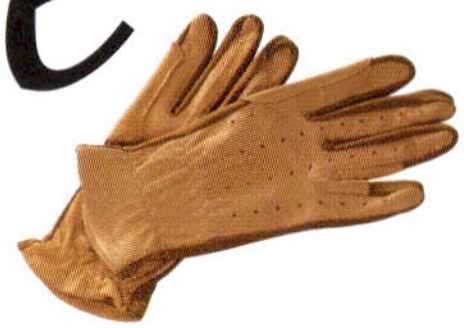

▸ Die Fahrabzeichen

Um sich in heutiger Zeit mit einem Gespann gefahrlos im öffentlichen Straßenverkehr oder Gelände zu bewegen, sind Kenntnisse und Lehrgänge unabdingbar. Die Teilnehmer sollen nach dem neuesten Stand der Ausbildungs- und Prüfungs-Ordnung (APO) so ausgebildet werden, dass sie keine Gefahr für die anderen Verkehrsteilnehmer darstellen.

Die Prüfungsordnung regelt im Detail, welche Unterrichtseinheiten gelehrt werden müssen. Die Prüfungsordnung ist bei der Fédération Equestre Nationale (FN) oder der zuständigen Landeskommision (LK) erhältlich.

Nach der bestandenen Prüfung werden die Urkunde und das Abzeichen überreicht

Eine Systemübersicht soll den Aufbau der Fahrabzeichen zeigen, die jeweils durch Prüfung oder Erfolge erworben werden können.

Abzeichen zum Geländefahren

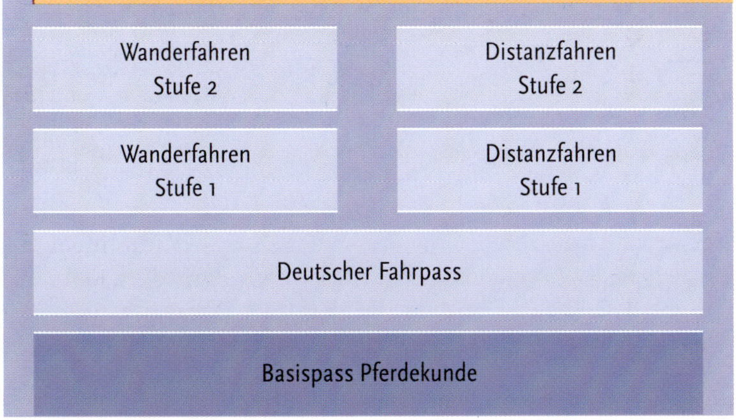

Die deutschen Abzeichen im Fahren

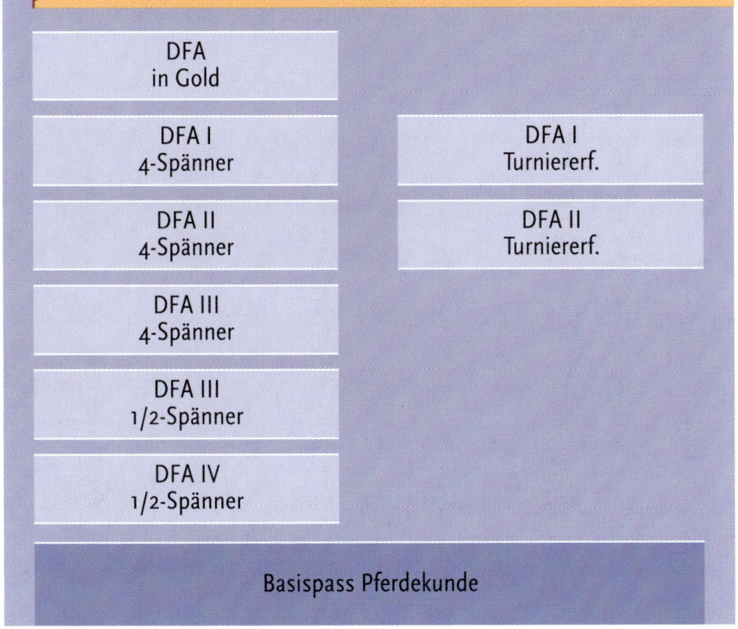

Prüfungsanforderungen

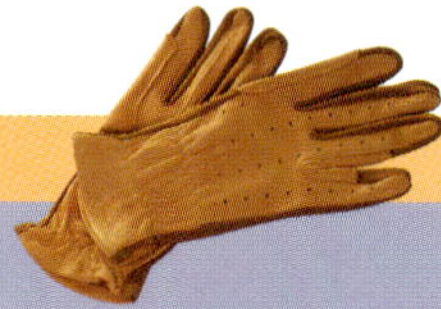

Die Teilnahmeberechtigung der Fahrer an Turnieren hängt vom Besitz eines Fahrabzeichens ab: Nur in der Kategorie C ist kein Fahrausweis erforderlich.
Die Pferde und Ponys, die zu den jeweiligen Prüfungen eingesetzt werden, müssen voll und ganz den Prüfungsanforderungen entsprechen.

Der Leistungsnachweis

Das Fahrabzeichen, das durch Leistung und Prüfung erworben wurde, zeigt Außenstehenden den Leistungsstand des Inhabers. Der momentane Leistungsstand stellt sich in den Wertnoten dar. Dieser Leistungsstand lässt sich nach oben steigern, indem sich der Inhaber des Abzeichens auf sportlicher Ebene mit anderen Fahrern misst. Die Leistungsabzeichen sind die Schlüssel zum Tor des Fahrsports.

Schüler und Fahrlehrer bei einer Trainingsfahrt im Straßenverkehr

▸ Benno von Achenbach

Benno von Achenbach war der Begründer des Deutschen Fahrsystems. Er wurde am 24.11.1861 in Düsseldorf geboren und ist am 15.10.1936 in Berlin gestorben.

Benno von Achenbach galt als großer Fahrexperte. Er selbst hat das Fahren als Wissenschaft betrieben und sämtliche europäischen Länder besucht. Vor allem England war für ihn von Interesse, denn in diesem Land wurde von jeher im klassischen Stil gefahren. Alles, was Benno von Achenbach auf seinen Reisen zusammengetragen hatte, probierte er zu Hause aus. 1899 wurden seine Stil- und Anspannungsgrundsätze vom damaligen Kartellamt für Reit- und Fahrsport als Anhaltspunkte anerkannt.

Ein gut geeigneter Freizeitwagen

Benno von Achenbach wurde 1906 vom Kaiser Wilhelm II in den Marstall berufen, wo er ausschließlich den Fahrunterricht leitete, im Zuge seiner Verdienste wurde er vom Kaiser geadelt. Im Jahre 1909 brachte er sein erstes Fahrreglement heraus. Dieses trug und trägt bis heute noch seinen Namen. Im Jahre 1922 wurde das Achenbachsche Fahrsystem vom Deutschen Heer über-

nommen und in der HDV 465 (Heeresdienstvorschrift) festgelegt. Von diesem Zeitpunkt an wurde in Deutschland an sämtlichen Reit- und Fahrschulen nach diesem System gelehrt und gefahren.
Das Achenbachsche Fahrsystem ermöglicht es, durch sachgemäße Anspannung und korrektes Fahren die größte Ausnützung der Pferdekraft zu erreichen und dabei ein großes Maß an Schonung der Pferde herbeizuführen, denn die Pferde sollen lange einsatzfähig bleiben.

Die Geländefahrt gehört ebenfalls zum Fahrabzeichen

Handhabung des Geschirrs

Das Achenbachsche Fahrsystem

Das ganze Fahrsystem ruht auf zwei Grundpfeilern. Diese sind erstens die Zweckmäßigkeit und zweitens die Betriebssicherheit. Das Achenbachsche Fahr-System ist so durchdacht, dass jeder Griff beim Fahren,

- beim Auf- und Abschirren,
- sowie An- und Abspannen

zweckmäßig und schonend eingesetzt wird.

Die Handhaltung soll ein weiches An- und Nachgeben der Leinen ermöglichen. Sämtliche Wendungen werden bei dem Achenbachschen Fahrsystem durch Nachgeben an der äußeren Leine eingeleitet. Beim praktischen Fahren ist es einem guten Fahrer möglich, die Pferde so zu arbeiten und zu gymnastizieren, dass die Pferde in sich gerade gerichtet sind. Voraussetzung dafür ist, dass die Geschirre gut verpasst sind, die Leine korrekt geschnallt ist und das Fahrsystem beherrscht wird. Das Achenbachsche Fahrsystem ist die Grundlage des korrekten Ein-, Zwei- und Mehrspännig-Fahrens.

Die Stränge müssen richtig angelegt werden

Das Halten der Leinen

Beim Achenbachschen Fahrsystem haben wir drei Arten von Haltungen:

- Die Grundhaltung,
- die Gebrauchshaltung und
- die Arbeits- oder Dressurhaltung.

Als Haltung bezeichnet man die Art, wie die Leinen in der Hand gehalten werden.

Korrekte Haltung auf dem Bock

Die Grundhaltung

Die Grundhaltung ist die Haltung, auf der alle anderen aufbauen. Diese Haltung wird während des ganzen Fahrens nie aufgegeben. Bei der Grundhaltung liegen die Leinen in der linken Hand, so dass die linke Leine über den Zeigefinger, die rechte Leine zwischen Mittel- und Ringfinger liegt. Festgehalten werden die Leinen mit den unteren drei Fingern der linken Hand: Daumen und der Zeigefinger sind leicht geöffnet. Das Leinenende hängt am linken Oberschenkel herab. Die linke Hand steht senkrecht eine Handbreit vor der Körpermitte. Die Peitsche ist zunächst in der rechten Hand. Der Fahrer sitzt aufrecht und sein Blick ist vorausschauend. Die Fußspitzen bilden ungefähr einen rechten Winkel zu den Beinen.

Die Gebrauchshaltung

Bei der Gebrauchshaltung bleibt die linke Hand in den Leinen. Die rechte Hand mit der Peitsche greift auf die rechte Leine (ohne darauf zu drücken). Die linke Leine teilt nun Zeige- und Mittelfinger der rechten Hand. Die rechte Hand geht zurück bis unmittelbar vor die linke Hand, die unteren drei Finger der rechten Hand umschließen jetzt die rechte Leine und der Zeigefinger umschließt die linke Leine. Nun sind beide Fäuste eine Handbreit vor der Körpermitte: wir haben die Gebrauchshaltung eingenommen. Diese Haltung dient zum Entlasten der linken Hand, zum Geradeausfahren und zum Verkürzen und Verlängern beider und einzelner Leinen sowie der rechten Leine um ein größeres Stück.

Die Grundhaltung

Die Gebrauchshaltung von vorne

Die Gebrauchshaltung von der Seite

Die Arbeits- oder Dressurhaltung

Ausgehend von der Gebrauchshaltung löst sich der Zeigefinger der rechten Hand von der linken Leine. Danach zieht die rechte Hand – bei gleichzeitiger Senkrechthaltung – die rechte Leine aus der linken Hand nach rechts seitwärts heraus. Die linke Hand rückt etwas nach links, so dass beide Hände links und rechts vor Körpermitte stehen. Das Zwischenstück ist angespannt. Wollen wir nun zurück zur Gebrauchshaltung, so holt sich die linke Hand das herausgezogene Stück bei der rechten Hand ab. Der Zeigefinger der rechten Hand umschließt wieder die linke Leine und somit haben wir die Gebrauchshaltung wieder eingenommen.

Verkürzen und Verlängern der Leinen (beider Leinen)

Während des Fahrens müssen die Leinen immer wieder verkürzt oder verlängert werden. Dieses geschieht immer aus der Gebrauchshaltung heraus. Wir kennen vier Arten des Verkürzens und zwei Arten des Verlängerns, die immer aus der Gebrauchshaltung ausgeführt werden.

Müssen die Leinen nur wenig verkürzt werden, so sprechen wir vom »Verkürzen der Leinen zentimeterweise«. Dabei geht die rechte Hand auf beiden Leinen zentimeterweise vor, hält diese fest. Die linke Hand rückt nach. Danach gehen beide Hände

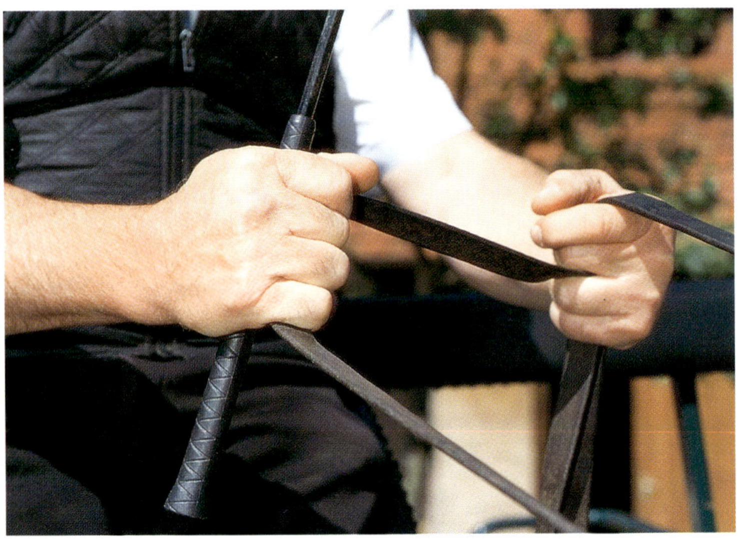

Die Arbeits- oder Dressurhaltung

Die Arbeitshaltung in der praktischen Anwendung

wieder vor die Leibesmitte (Ausgangshaltung). Dieses wird so oft wiederholt, bis das gewünschte Verkürzen erreicht ist.

»Beim Verkürzen um ein bestimmtes Maß« (auch »Hand vor Hand« genannt oder »wechselseitiger Griff«) geht die linke Hand aus den Leinen. Dabei muss nun die rechte Hand beide Leinen gut festhalten. Die linke Hand geht aus den Leinen und setzt sich unmittelbar vor die rechte Hand in die Grundhaltung. Danach geht die rechte Hand vor die linke Hand in die Gebrauchshaltung und anschließend gehen beide Hände in die Ausgangshaltung. Diese Art des Verkürzens wird vor einer Rechtswendung oder einer Rechtsumkehrtwendung angewandt.

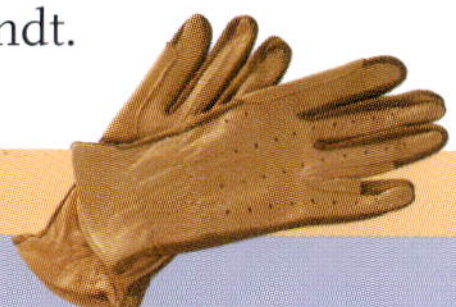

Achtung

Das »Verkürzen um ein bestimmtes Maß« ist das einzige Mal, dass die linke Hand aus den Leinen genommen wird.

Im Gelände wird meistens in der Arbeitshaltung gefahren

»Das Verkürzen um ein größeres Stück« geschieht folgendermaßen: Die rechte Hand mit der Peitsche geht aus den Leinen heraus und setzt sich hinter die linke Hand. Dabei umfasst sie beide Leinen zwischen Zeige- und Mittelfinger wie eine und hält sie dort fest. Danach gleitet die linke Hand ein größeres Stück auf den Leinen vor und hält wiederum fest.

Um wieder in die Ausgangshaltung zu kommen, greift die rechte Hand vor die linke und beide gehen zurück zur Körpermitte. Dieses ist die schnellste und einfachste Art, die Leinen zu verkürzen.

Das vorübergehende Verkürzen, die so genannte scharfe Parade, ist als Notbremse gedacht. Diese sollte aber nur angewandt werden, wenn für Mensch oder Tier Gefahr besteht.

An den heutigen Wagen sind fast ausschließlich Fußbremsen vorhanden, die ein schnelles Bremsen des Wagens gewährleisten, ohne dass man dabei den Pferden grob im Maul herumzieht. Sollte es dennoch zur Anwendung der scharfen Parade über die Leinen kommen, geht die rechte Hand so weit auf den Leinen vor, wie man greifen kann, und geht mit den festgehaltenen Leinen schnell zurück. Dabei weicht die linke Hand in Richtung Kinn aus und macht der rechten Hand Platz.

DAS VERLÄNGERN DER LEINEN Wir können die Leinen auf zwei Arten verlängern: »Zentimeterweise« oder um ein »Größeres Stück«. Die Leinen werden beispielsweise verlängert, um den Pferden die Möglichkeit zu geben, sich nach vorwärts-abwärts zu dehnen.

Ausgehend von der Gebrauchshaltung verlängern wir die Leinen zentimeterweise: Die linke Hand bleibt in diesem Fall vor der Körpermitte stehen, öffnet sich aber leicht. Nun zieht die rechte Hand beide Leinen aus der linken Hand immer zentimeterweise in Richtung Pferdemaul heraus. Dieses wird so oft wiederholt, bis die gewünschte Länge erreicht ist.

Das Verlängern beider Leinen um ein »Größeres Stück« geschieht in gleicher Weise wie das vorhergehend beschriebene »zentimeterweise« Verlängern. Es ist aber bei diesem Vorgang unbedingt zu beachten, dass man nur so viel Leine aus der linken Hand herauszieht, wie die Pferde sich nach vorwärts-abwärts dehnen. Damit man dabei die weiche Verbindung zum Pferdemaul nicht verliert, muss das Verlängern um ein »Größeres Stück« langsam geschehen. Wenn die Anlehnung verloren geht, entziehen sich die Pferde den Hilfen. Der Fahrer kann nicht mehr korrekt einwirken.

Dressurmäßiges Fahren im Viereck

VERLÄNGERN UND VERKÜRZEN EINZELNER LEINEN (FILIEREN) Es kommt beim Fahren recht häufig vor, dass das Leinenmaß einzelner Leinen korrigiert werden muss. Ein gefährlicher Fehler, der einem dabei passieren kann, ist, dass man die Finger nicht geschlossen hält und dadurch einzelne Leinen durchrutschen lässt. Das führt dazu, dass das Gespann nicht mehr geradeaus fährt, sondern sich in Schlangenlinien auf der Fahrbahn bewegt.

Das Filieren sollte beim Zweispänner intensiv geübt werden, beim Mehrspännig fahren ist es sogar unerlässlich. Das Filieren wird grundsätzlich aus der Gebrauchshaltung praktiziert. Dabei bilden der Zeigefinger und der kleine Finger der rechten Hand einen Drehpunkt.

Die rechts durchhängende Leine wird durch Filieren korrigiert

Der Fahrlehrer wirft einen prüfenden Blick auf die Leinenführung

VERLÄNGERN DER LINKEN LEINE Ausgehend von der Gebrauchshaltung dreht sich die rechte Hand beim Verlängern der linken Leine vorwärts-abwärts und zieht die linke Leine zentimeterweise aus der linken Hand heraus. Die rechte Leine wird mit den unteren drei Fingern der rechten Hand festgehalten Danach geht die rechte Hand mit geöffnetem Zeigefinger wieder in die Senkrechte. Das Ganze wird so oft wiederholt, bis die gewünschte Leinenlänge erreicht ist Der Drehpunkt ist der kleine Finger der rechten Hand.

VERKÜRZEN DER LINKEN LEINE Ausgangshaltung zum Verkürzen der linken Leine ist wieder die Gebrauchshaltung. Ich halte mit den drei Fingern der rechten Hand die rechte Leine fest. Die rechte Hand geht mit geöffnetem Zeigefinger vorwärts-abwärts. Dann schließt sich der Zeigefinger, und die Hand geht in die Senkrechte. Dabei schiebt sie die linke Leine in die linke Hand hinein. Als Drehpunkt fungiert wiederum der kleine Finger der rechten Hand.

VERLÄNGERN DER RECHTEN LEINE Die unteren drei Finger der rechten Hand umschließen die rechte Leine aus der Gebrauchshaltung heraus. Rückwärts-aufwärts dreht sich jetzt die rechte Hand und zieht dabei zentimeterweise die rechte Leine aus der linken Hand heraus. Drehpunkt ist der Zeigefinger der rechten Hand. Dieses wird so oft wiederholt, bis die erforderliche Länge der rechten Leine erreicht ist.

Das Verkürzen der Leinen erfolgt immer aus der Gebrauchshaltung heraus

VERKÜRZEN DER RECHTEN LEINE Ausgangshaltung zum Verkürzen der rechten Leine ist wiederum die Gebrauchshaltung. Der Zeigefinger der rechten Hand hält verstärkt die linke Leine fest. Nun öffnen sich die unteren drei Finger der rechten Hand, so dass sich die rechte Hand nach rückwärts-aufwärts drehen kann. Die rechte Hand gleitet dabei auf der rechten Leine vor. Ist die Hand weit genug vorne, so schließen sich die drei Finger wieder und die rechte Hand geht in die Senkrechte. Die rechte Hand schiebt nun die rechte Leine so oft wie nötig in die linke Hand hinein. Den Drehpunkt des Verkürzens bildet der Zeigefinger der rechten Hand.

VERKÜRZEN UND VERLÄNGERN DER RECHTEN LEINE UM EIN GRÖSSERES STÜCK Ausgehend von der Gebrauchshaltung verläßt der Zeigefinger der rechten Hand die linke Leine. Die rechte Leine wird aus der linken Hand herausgenommen und die rechte Hand setzt die rechte Leine ein größeres Stück hinter der linken Hand wieder ein.

Zum Verlängern um ein größeres Stück zieht die rechte Hand die rechte Leine ein größeres Stück aus der linken Hand heraus. Die Leinen sind nun wieder gleich lang und die Hände gehen wieder in Gebrauchshaltung.

Wissens-Check

Nach welchem Fahrsystem wird in Deutschland vorwiegend gefahren?

In Deutschland wird nach dem Achenbachschen Fahrsystem gefahren.

Wann hat Benno von Achenbach gelebt?

Er wurde am 24.11.1861 in Düsseldorf geboren und starb am 15.10.1936 in Berlin.

Auf welchen Grundpfeilern ruht das Achenbachsche Fahrsystem?

Auf der Betriebssicherheit und auf der Zweckmäßigkeit.

Die Gebrauchshaltung

Was verstehen wir unter Betriebssicherheit?

Korrekte vorschriftsmäßige und verkehrssichere Geschirre, verkehrssichere Wagen, ausgebildete Pferde und ein ausgebildeter Fahrer garantieren die Betriebssicherheit.

Was versteht man unter Zweckmäßigkeit?

Es wird die größte Ausnutzung der Pferdekraft gefordert, dabei aber gleichzeitig die Schonung der Pferde verlangt.

Wie erreicht man die Zweckmäßigkeit?

Über das Verschnallen der Leine und der festen oder halbfesten Anspannung erreicht man die Zweckmäßigkeit.

In welcher Hand werden die Leinen grundsätzlich gehalten?

Die Leinen werden grundsätzlich in der linken Hand gehalten, damit die rechte Hand frei ist für die Peitschenhilfe, zum Grüßen, zum Bremsen sowie für die Richtungsänderung nach rechts.

Wie viele Haltungen kennen wir und wie heißen sie?

Wir kennen drei Haltungen: Die Grundhaltung, die Gebrauchshaltung und die Arbeits- oder Dressurhaltung.

Was bedeutet die Grundhaltung?

Es ist die Haltung, auf der alle anderen Haltungen aufbauen. Sie wird während des ganzen Fahrens nie aufgegeben, bis auf eine Ausnahme: Beim Verkürzen um ein bestimmtes Maß.

Was passiert in der Gebrauchshaltung?

In dieser Haltung wird die linke Hand entlastet. In der Gebrauchshaltung werden die Leinen verkürzt und verlängert sowie einzelne Leinen zentimeterweise verkürzt und verlängert (filieren genannt). In der Gebrauchshaltung wird geradeaus gefahren, wenn nichts anderes gefordert wird.

Wann wird die Arbeits- oder Dressurhaltung eingenommen?

Sie wird nur eingenommen, wenn wir mit den Pferden arbeiten, weil die Einwirkung auf das einzelne Pferd optimal ist. Die Arbeits- und Dressurhaltung wird ebenso auf dem Dressurplatz eingenommen oder wenn etwas unvorhergesehen passiert oder bei einer Links-Wendung.

Die beste Beschirrung im Gelände in ein qualitativ hochwertiges kombiniertes Geschirr

Zum Einleiten der Wendung gibt die linke Leine nach, ...

die Pferde müssen sich stellen und biegen, ...

Wendungen fahren

Links- und rechts heranfahren

Das Achenbachsche Fahrsystem regelt, wie wir durch das Verkürzen und Verlängern der Leinen Gegenstände am Fahrbahnrand passieren, überholen und links und rechts heranfahren. Dies geschieht mit beiden Händen. Muss er links heranfahren oder überholen, so schaut der Fahrer über die linke Schulter und bittet den Beifahrer die Kelle oder den linken Arm auszustrecken. Dieser bleibt so lange ausgestreckt, bis der Fahrer wieder zur richtigen Fahrbahn kommt. Der Fahrer geht in Arbeitshaltung und gibt mit der rechten Hand nach, im eventuellen Bedarfsfall dreht sich die linke Faust rückwärts-aufwärts, damit die linke Leine zusätzlich über den Handrücken läuft. Dies sollte beizeiten beginnen und wenn möglich im Trab durchgeführt werden, damit wir andere Verkehrsteilnehmer nicht lange behindern. Das Beenden geschieht durch das Senkrechtstellen beider Hände.

Wird das Heranfahren nach rechts gebraucht, geschieht dies folgendermaßen ebenfalls mit zwei Händen: Wiederum möglichst im Trab gibt der Fahrer das Verkehrszeichen nach rechts und schaut sich nach hinten um. Gleichzeitig geht die rechte volle Hand mit der Peitsche einige Zentimeter auf der rechten Leine

sonst steht – wie im Bild zu sehen – das linke Pferd nach außen

vor und hält sie fest. Die linke Hand gibt so viel vorwärts-abwärts nach wie erforderlich. Nach Beendigung geht die linke Hand wieder in die Senkrechte, die rechte wieder in Gebrauchs-, Dressur- oder Arbeitshaltung.

Wendungen

Das Achenbachsche Fahrsystem gibt zu den Wendungen folgende Anhaltspunkte: Vor der Linkswendung setzt der Beifahrer das Zeichen für den nachfolgenden Verkehr nach links. Der Fahrer schaut über die linke Schulter. Lässt der entgegenkommende Verkehr es zu oder ist die Bodenbeschaffenheit gut, kann die Wendung im verkürzten Trab gefahren werden, damit andere Verkehrsteilnehmer nicht behindert werden.

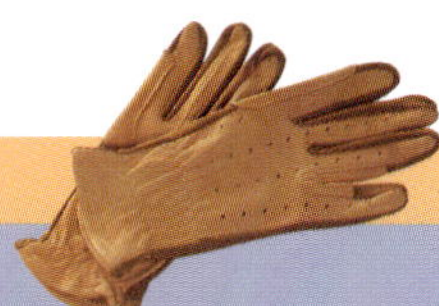

Prüfung am Fahrlehrgerät

In der Prüfung werden alle Wendungen und Kehrtwendungen sowie das Verkürzen oder Verlängern beider und einzelner Leinen durch die Prüfer abgefragt und durch die Fahrschüler am Fahrlehrgerät vorgeführt.

Rechts-Um im Schritt

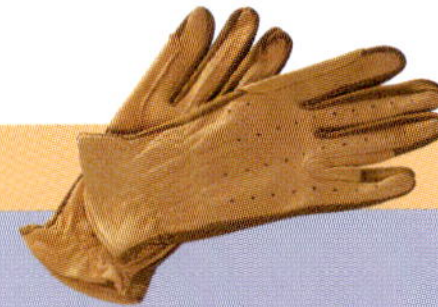

Nach der Achenbachschen Fahrlehre werden prinzipiell alle Rechtswendungen im Schritt und alle Rechtsumkehrtwendungen im verkürzten Schritt gefahren.

Dabei hält man die Leinen in Arbeitshaltung: Beide Hände stehen links und rechts vor Körpermitte, und das Zwischenstück der Leine ist angespannt. Der Fahrer gibt zuerst auf der rechten Leine nach, die rechte Faust geht rückwärts-aufwärts, wenn nötig dreht sich die linke Hand rückwärts-aufwärts. Die linke Leine läuft jetzt über den linken Handrücken.Wenn die Wendung zu dreiviertel durchfahren ist, dann haben die Köpfe und Hälse der Wagenpferde schon die neue Fahrtrichtung erreicht. Der Fahrer kann nun beide Hände wieder in ihre Ausgangsstellung eine Handbreit vor der Körpermitte drehen und anschließend in der bereits beschriebenen Arbeits- oder Gebrauchshaltung weiterfahren. Sofern der Fahrer weiter geradeaus fahren möchte, so nimmt er nun die Gebrauchshaltung ein, um die linke Hand zu entlasten.

Bei schlechter Bodenbeschaffenheit, wenn die Trittsicherheit der Pferde nicht mehr gegeben ist, müssen Wendungen aus

Bei einer Linkswendung muss das Verkehrszeichen durch den Beifahrer gegeben werden

Sicherheitsgründen im Schritt gefahren werden. Die Wendung selbst wird im Schritt ebenso gefahren wie im Trab.

DIE RECHTSWENDUNG Die Rechtswendung kann ebenfalls, sofern es die Bodenbeschaffenheit zulässt oder die Straße großzügig ausgebaut ist, im verkürzten Trab gefahren werden. Achten Sie darauf, dass rechts von Ihnen kein Fußgängerüberweg oder kein Radweg ist, den Sie bei Ihrer Wendung schneiden.

Aus dem Trab gibt der Fahrer vor der Wendung das Zeichen zum Durchparieren: Ohne die Peitsche geht der rechte Arm in die Senkrechte. Der nachfolgende Verkehr sieht anhand dieses »Achtungszeichens«, dass das vor ihm fahrende Gespann etwas vorhat. Der Fahrer verkürzt nach diesem Zeichen die Leinen so viel wie nötig. Die Peitsche wird jetzt in die linke Hand, zwischen Daumen und Zeigefinger gegeben, die rechte Hand geht zur Bremse. Wenn eine Fußbremse vorhanden ist, kann die rechte Hand in den Leinen bleiben, da mit dem Fuß gebremst werden kann. Mit der Bremse wird das Fahrzeug vorsichtig abgebremst. Es ist wichtig, dass niemals durchpariert wird, ohne dass gleichzeitig die Bremse betätigt wird. Die Bremse wird danach wieder geöffnet und mit der linken Hand wird gleichzeitig nachgegeben. Im Schritt angekommen, gibt der Fahrer ohne die Peitsche zu heben das Zeichen nach rechts und schaut sich um.

Das Verkehrszeichen bleibt bis zur Vollendung der Richtungsänderung bestehen

Ausgehend von einem gerade gerichteten Gespann,

beginnt die Rechtswendung ...

mit korrekter Stellung beider Pferde

Die rechte Hand geht mit der Peitsche etwa zehn bis fünfzehn Zentimeter auf der Leine vor und fasst mit der vollen rechten Hand die rechte Leine. Das Gespann geht immer noch geradeaus. An der Stelle, an der abgewendet werden soll, geht die linke Hand vorwärts-abwärts. Sollte dieses Nachgeben nicht ausreichen, setze ich die linke Hand unter die rechte Hand. Eventuell mus sich sogar die rechte Faust im Handgelenk um den Peitschenstock so drehen, dass der kleine Finger zur Schulter zeigt. In dieser Haltung kann ich gegebenenfalls auch noch nachgeben oder die Leinen annehmen.

Sind Kopf und Hals meiner Pferde in der neuen Richtung, gehen meine beiden Hände in die Ausgangsstellung zurück. Die Leinen können wieder verlängert werden und der Fahrer kann zurück in die Gebrauchshaltung gehen.

Die Praxis zeigt aber auch, dass die Leinen nicht immer verkürzt werden müssen. Wenn beispielsweise die Pferde stark ziehen müssen oder das Gespann bergauf fährt, werden sie über die Leinen zum Halten aufgefordert. Läuft der Wagen leicht oder sogar bergab, muss ich unbedingt die Leinen verkürzen. Andernfalls würde der

Wagen nachlaufen, die Leinen würden zu lang werden und die Verbindung zu den Pferden würde verloren gehen.

DIE KEHRTWENDUNGEN Kehrtwendungen unterscheiden sich grundsätzlich immer von den Wendungen. Prinzipiell heißt das, je enger eine Wendung ist, um so langsamer muss das Tempo sein. Wenn genügend Platz vorhanden ist, werden die Kehrtwendungen heute, im Gegensatz zu früher, zur Schonung der Pferdebeine so groß wie möglich gefahren. Verlangt werden in der Prüfung bei den Kehrtwendungen die korrekten Handgriffe sowie die Gangart »verkürzter Schritt«. Bei den Kehrtwendungen muss generell der Vorwärtstrend des Gespannes im verkürzten Tempo erhalten bleiben. Fehlerhaft ist grundsätzlich ein schnelles Wenden im Schritt oder im verkürzten Trab. Kronentritte, Abtreten der Hufeisen oder gar Beinverletzungen wären sonst vorprogrammiert. Kehrtwendungen erfordern deshalb viel Feingefühl vom Fahrer.

Am Fahrlehrgerät werden Links- und Rechtskehrtwendungen geübt und gefahren, da der Fahrer nicht weiß, wo er sich mit seinem Gespann aufhalten wird. Dagegen wird von der Rechtskehrtwendung bei praktischen Prüfungen auf öffentlichen Straßen und Wegen Abstand genommen. Der Grund hierfür ist die Straßenverkehrsordnung (StVO).

LINKSUMKEHRTWENDUNG Die Linksumkehrtwendung beginnt der Fahrer, sofern kein entgegenkommendes Fahrzeug ihn behindert, indem er seinen Beifahrer bittet, er möchte das Verkehrszeichen nach links geben. Der Fahrer sieht sich nach hinten um. Aus der Arbeits- oder Dressurhaltung gibt der Fahrer an der linken Leine nach und fährt zur äußeren rechten Straßenseite. Ist das Gespann im Trab, gibt der Fahrer das Achtungszeichen(rechter gestreckter Arm nach oben), schaut sich um und schließt die Bremse. Wenn nötig, muss er die Leinen verkürzen. Ist das Gespann dann im Schritt, wird die Bremse gleich wieder geöffnet. Ein nochmaliges Umschauen des Fahrers vor der Kehrtwendung ist wichtig. Das Tempo wird zum verkürzten Schritt zurückgenommen. Die rechte Hand hat nun mit der Peitsche die rechte Leine erfasst und zieht die rechte Leine zweimal zehn Zentimeter in Richtung Pferdemaul heraus, ohne dabei die Fühlung zu verlieren. Bei gut gefahrenen Pferden reicht eventuell ein einmaliges Verlängern. Zur Unterstützung kann der Fahrer die

Das Verkehrszeichen nach rechts wird durch den Fahrer gegeben

linke Leine über den linken Handrücken drehen. Die rechte Hand ist bereit, das Tempo abzufangen, damit nicht zu schnell gewendet wird. Dabei darf die Vorwärtsbewegung durch das Nachgeben mit beiden Händen nicht vergessen werden. Ist die Wendung dreiviertel gefahren, geht die linke Hand wieder in die Ausgangsstellung. Die rechte Hand verkürzt die rechte Leine um ein größeres Stück (siehe Verkürzen der Leinen, Seite 20). Der Fahrer bleibt in Gebrauchshaltung oder geht in die Arbeits- oder Dressurhaltung und fährt geradeaus weiter.

DIE RECHTSUMKEHRTWENDUNG Der Fahrer lässt das Verkehrszeichen nach links durch den Beifahrer geben. Er selbst schaut sich dabei um, geht zugleich in die Arbeits- oder Dressurhaltung und fährt zur äußersten linken Straßenseite. Ist das Gespann im Trab, verkürzt der Fahrer die Leinen

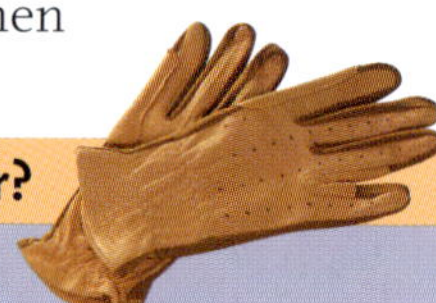

Rechtsumkehrt im Straßenverkehr?

Die Rechtsumkehrtwendung darf im öffentlichen Straßenverkehr nicht gefahren werden. Sie wird jedoch bei sämtlichen Fahrabzeichenprüfungen am Fahrlehrgerät gelehrt und geprüft sowie bei Trainer-A-Prüfungen (Fahrlehrerprüfungen) auf geeigneten Plätzen gefahren.

um ein bestimmtes Maß, bremst zugleich den Wagen ab und pariert zum Schritt durch. Die Bremse wird wieder geöffnet und der Fahrer gibt, indem er die Peitsche und die Leinen in der linken Hand hält, das Verkehrszeichen nach rechts. Vor der Kehrtwendung schaut er sich nochmals um und pariert sein Gespann durch, bis ein verkürzter Schritt erreicht ist.

Enge Wendungen zwischen Hindernissen,

da hilft der Fahrlehrer seinem Schüler.

Eingeleitet wird die Kehrtwendung mit einer annehmenden Hilfe, indem die rechte Hand die rechte Leine um ein größeres Stück verkürzt: Die rechte Leine wird hinter die linke Hand gesetzt. Die linke Hand gibt vorwärts-abwärts nach, kann aber auch gleichzeitig gegenhalten. Die rechte Hand kann unterstützend wirken, indem sie sich im Handgelenk nach innen dreht. Hierbei nicht die Vorwärtsbewegung vergessen! Bei gerade gerichtetem Kopf und Hals geht die linke Hand in die Senkrechte, die rechte Leine wird um das vorher verkürzte Stück verlängert (rechte Hand, rechte Leine), danach werden in der Gebrauchshaltung beide Leinen verlängert und der Fahrer kann wiederum geradeaus fahren.

Zuerst werden Wendungen auf dem Platz geübt

Wissens-Check

Wie viele Arten gibt es, um die Leinen zu verlängern?

Es gibt zwei Arten: Zentimeterweises Verlängern und Verlängern um ein großes Stück.

Auf wie viele Arten können wir die Leinen verkürzen? Und wie heißen sie?

Es gibt vier Arten: Verkürzen zentimeterweise, Verkürzen um ein bestimmtes Maß, Verkürzen um ein größeres Stück und vorübergehendes Verkürzen oder die scharfe Parade, die aber nur bei Gefahr für Mensch und Tier angewandt wird.

In der Praxis ist es nicht immer leicht, die Pferde, hier zwei Hengste, zu beherrschen

Eine korrekte Rechtswendung der Pferde

Warum muss man einzelne Leinen zentimeterweise verlängern und verkürzen?

Damit man sein Leinenmaß korrigieren kann.

Wo und wann verkürzen oder verlängern wir die rechte Leine um ein größeres Stück?

Bei den Kehrtwendungen, und zwar vor einer Links- um- oder einer Rechtsumkehrtwendung, verlängere ich sie. Verkürzt wird sie vor einer Rechtsumkehrtwendung und nach einer Linksumkehrtwendung.

Wie werden Wendungen prinzipiell eingeleitet?

Wendungen werden immer durch nachgebende Hilfen an der äußeren Leine eingeleitet. Eine Ausnahme gibt es vor einer Rechtsumkehrtwendung. Dort leiten wir die Wendung mit einer annehmenden Leinenhilfe ein (Verkürzen der rechten Leine).

Eine mögliche Variation des Fahrlehrgeräts

Das Fahrlehrgerät

Das Fahrlehrgerät mag manchem zunächst als Spielzeug erscheinen, aber es ist als Lehrmittel zur Theorie und Praxis unerlässlich: Der Sinn dieses Fahrlehrgerätes ist, alle Griffe und Leinenhaltungen zu lernen und zu praktizieren, ohne dabei den Pferden im Maul herumzuziehen. Außerdem ist es dem Ausbilder möglich, mehrere Schüler gleichzeitig daran auszubilden und zu prüfen, ob sie die Leinenhaltung beherrschen, ohne dass dabei andere Verkehrsteilnehmer in Gefahr geraten. Die Fahrabzeichenprüfung beginnt am Fahrlehrgerät, und deshalb muss der Prüfling alle Griffe, Haltungen bzw. Wendungen beherrschen und dem Prüfer vorführen und erklären.

Das Fahrlehrgerät kann jeden Tag eingesetzt werden. Entsprechende Unterrichtseinheiten sind in jedem Fahrabzeichenlehrgang vorgesehen. Der Schüler kann mit dem Fahrlehrgerät auch unabhängig von seinem Ausbilder seine Fähigkeiten selbstständig überprüfen und verbessern.

Die Lederriemen am Fahrlehrgerät sollen der Originalleinenbreite entsprechen, damit der Schüler von Anfang an das richtige Gefühl für die Leinen bekommt. Es ist auch ratsam, von Anfang an schon am Übungsgerät mit Handschuhen zu arbeiten, wie sie nachher auch auf dem Kutschbock Verwendung finden. Eine kurze Peitsche oder ähnlicher Gegenstand in der rechten Hand ist ebenfalls in die Übung am Fahrlehrgerät mit einzubinden, damit der Fahrschüler sich an die Handhabung gewöhnt. Des Weiteren soll auch ein Gewicht von einem Kilogramm am Ende der Leinen angebracht werden. Dies ist kein gültiges Leinengewicht, aber das Gewicht hilft dem Ausbilder, darauf zu schauen, ob der zukünftige Fahrer die Leinen aus der Hand oder aus den Fingern gleiten lässt.

Leinenhaltung beim Ein- und Zweispänner bzw. Mehrspänner

Grundsätzlich liegen die Leinen in der linken Hand, mit der Oberseite des Leders (der so genannten Haarseite) nach oben und mit der Unterseite der Leinen (der Fleischseite) nach unten. Die rechte Hand ist frei für den Einsatz der Peitsche, zum Grüßen auf dem Prüfungsplatz, bei älteren Wagen zum Bremsen und zum Setzen von Richtungsänderungen nach rechts. Umschlossen und festgehalten werden die Leinen mit den unteren drei Fingern der linken Hand. Die linke Leine läuft über den Zeigefinger der linken Hand, die rechte Leine liegt zwischen Mittel- und Ringfinger. Die Leinen dürfen nie aus der Hand gleiten. Sämtliche Wendungen werden durch nachgebende Hilfen an der äußeren Leine eingeleitet. Niemals sollte an den Leinen gezogen oder gerissen werden. Senkrecht stehende Fäuste sorgen dafür, dass der Fahrer stets die Leinen annehmen oder nachgeben kann. Werden die Leinen in der Hand verändert, also verlängert oder verkürzt, so spricht man von Griffen. Sollte das Gespann in irgendwelche Schwierigkeiten kommen, so ist im Notfall jeder Griff erlaubt, der zum Erfolg führt.

Die Hände sollen locker sein und die Finger dürfen nicht verkrampfen

Nur der ungezwungene Sitz ermöglicht eine korrekte Leinenhaltung

Die Leinenhaltung beim Mehrspänner unterscheidet sich nicht von der des Ein- und Zweispänners. Nur eins sei gesagt: Wer nicht gelernt hat, die Leinen vom Ein- und Zweispänner richtig zu halten, der darf nicht glauben, dass er jetzt vier oder sechs Leinen halten und führen kann. Nicht ohne Grund steht in den Grundsätzen der Achenbachschen Fahrlehre geschrieben: Das Gleitenlassen einer oder mehrerer Leinen macht korrektes Fahren unmöglich und ist im Straßenverkehr gefährlich und deshalb verboten.

Achenbachsche Kreuzleine

Die Achenbachsche Kreuzleine, deren Maße und deren Verschnallmöglichkeiten

Benno von Achenbach entwickelte die Achenbachsche Kreuzleine zum Vorteil des korrekten Fahrens. Sie wurde in früherer Zeit auch Kreuzleine 22 genannt, weil sie im Jahre 1922 bei der damaligen Reichswehr in die Heeresdienstvorschrift 465 aufgenommen wurde. Seit dieser Zeit wird nun mit dieser Leine gefahren. Die Achenbachsche Kreuzleine wird aus bestem Kernleder hergestellt, das ohne Narben und sonstige Beschädigung zur Verarbeitung gefertigt sein muss. Die Farbe des Leders ist immer naturfarben. Schon bei der Herstellung der Leinen müssen die Maße und Ansprüche des Fahrens berücksichtigt werden. Alle Einzelteile der Leine sowie die Abschnitte der Leine sind genormt. Beim Fahren muss die Leine ihre korrekten Maße aufweisen, damit die Pferde im Wagen gerade gerichtet gehen können.

Die Achenbachsche Kreuzleine wird in eine linke und eine rechte Leine unterteilt. Sie sind daran zu erkennen, dass am Ende des Handstücks die Schnalle links und die Strippe rechts angebracht ist. Die gesamte Leine besteht aus zwei durchgehenden Außenleinen mit einer Gesamtlänge von je 4,50 m sowie zwei verschnallbaren Innenleinen mit einer Länge von je 3,02 m. Ein zusätzliches Maß auf den Außenleinen ist die Länge von der Einschnallstrippe bis zum sechsten Loch von 2,90 m. Auf den Außenleinen sind elf Löcher angebracht. Diese sind oval, damit

Richtig verlaufende Kreuzleine auf einer Geländefahrt

der Dorn sofort seine richtige Lage einnehmen kann. Diese elf Löcher sind im Abstand von 4 cm gesetzt und nehmen auf der Außenleine mit zehn Abständen 40 cm in Anspruch. Die Leinenbreite beträgt 25 bis 27 mm. Weitere Einzelteile sind:

- Vier Einschnallstrippen, die immer nur mit einem Loch versehen sind,
- zwei Kreuzschlaufen, an denen die Innenleine zum anderen Pferd läuft,
- die Kreuzschlaufe, die das Aufstellen der Innenleine verhindern und an denen sich die Ansatzstücke befinden, da dort die Leinen zusammengenäht sind,
- sowie zwei Kreuzschnallen mit den dazugehörigen Leinenschonern: Mit diesen Kreuzschnallen verkürzt oder verlängert man die Innenleine. Der Leinenschoner schützt die Außenleine vor Druckstellen durch die Kreuzschnallen. Nach der Kreuzschnalle wird der Rest der Leine als Handstück bezeichnet. Das Handstück endet in eine Schnalle und eine Strippe.

Bei der original Achenbachleine sind die Einschnallstrippen der Innenleine versetzt gegenüber der Außenleine angenäht.

Der größte Vorteil der Achenbachschen Kreuzleine ist, dass der Fahrer den Wagen nicht verlassen muss, sondern die Leine

Der äußere Strang wird grundsätzlich zuerst angelegt

Zur Geländeausbildung gehört auch das Wasser

vom Bock aus verschnallen kann. Das Verschnallen der Leine vom Bock aus sollte selbstverständlich nur erfahrenen Fahrern vorbehalten werden.

Die ganze Leine muss so gefertigt sein, dass die ganze Außenleine durch sämtliche Schnallen und Durchlässe passt. Dadurch kann man im Notfall aus einer Zweispännerleine eine Einspännerleine machen. Das Fahren von Mehrspännern unterscheidet sich nur in der Anzahl der Leinen und in den Haltungen. Das System ist gleich aufgebaut.

Sollte zur Korrektheit der Leine eine Überprüfung notwendig sein, so wird bei beiden Leinenhälften die Innenleine in das dritte Loch in Richtung Leinenende geschnallt. Dabei müssen jetzt die vier Einschnallstrippen im eingeschnallten Zustand gleichlang sein. Ist dieses nicht der Fall, so muss man die Leinen zum Sattler bringen, damit er sie egalisiert.

Fahrersitz mit Bockkeil und Spindelbremse

Die Grund- oder Normalschnallung

Bei der Achenbachschen Kreuzleine kennen wir drei Arten von Grundschnallungen. Diese werden danach unterschieden, in welche Löcher auf der Außenleine geschnallt wird:

GRUNDSCHNALLUNG 8 Diese Grundschnallung ist für schmale Pferde gedacht. Dabei sind je vier freie Löcher auf jeder Außenleine zwischen Fahrerhand und Kreuzschnalle. Der Dorn ist im fünften Loch. Die Differenz von der Außen- zur Innenleine an den Einschnallstrippen, beträgt acht Zentimeter. Die freie Lochzahl ist zwischen Fahrerhand und Kreuzschnalle zu erkennen.

GRUNDSCHNALLUNG 10 Sie ist für mittelbreite Pferde gedacht: Wir haben je fünf freie Löcher auf jeder Außenleine, und der Dorn von der Kreuzschnalle ist im sechsten Loch. Die Differenz von der Außen- zur Innenleine, beträgt zwölf cm.

GRUNDSCHNALLUNG 12 Die Grundschnallung 12 ist für breite Pferde gedacht. Dabei hat man je sechs freie Löcher auf jeder Außenleine und der Dorn ist im siebten Loch. Die Differenz von der Außen- zur Innenleine an den Einschnallstrippen beträgt 16 cm.

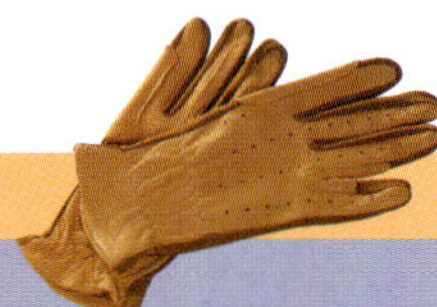

Grundschnallung

Die Grundschnallung erhält man, wenn die Leine nicht verschnallt ist: Man nimmt auf beiden Leinen eine Anzahl freier Löcher und nimmt sie mal zwei: Diese Zahl ergibt meine Grundschnallung. Bei Grundschnallung zehn sind also auf beiden Leinen fünf freie Löcher.
Die jeweilige Grundschnallung muss immer passend zu den jeweiligen Pferden sein, damit das Gespann immer gerade gerichtet ist.

Die Verschnallmöglichkeiten

Die Leine ist so gebaut und konstruiert, dass man innerhalb des Gespannes die Leinen verschnallen kann. Die Verschnallmöglichkeiten sind der Arbeitsausgleich, der Gebäudeausgleich und der Temperamentsausgleich.

Prinzipiell wird nur an der Leine verschnallt und nicht an den Strängen oder Aufhaltern, sonst würde sich das ganze Leinensystem aufheben. Es ist deshalb vor dem Verschnallen auf Folgendes zu achten:

- Die Leine muss die vorgeschriebenen Maße haben.
- Alle Stränge müssen im gleichen Loch geschnallt sein.
- Es darf keine lose Anspannung (Spielwaage) vorhanden sein.

Bei allen Verschnallmöglichkeiten gilt:

Das, was ich auf der einen Leine verschnallt habe, muss ich umgekehrt auf der anderen Leine machen, damit sich wieder die Grundschnallung ergibt. Das heißt beispielsweise: Ausgehend von der Grundschnallung zehn, bei der ich auf beiden Leinen fünf freie Löcher habe, schnalle ich die eine Leine so, dass ich nur noch vier freie Löcher habe. Die andere Leine muss nun so verschnallt werden, dass sich sechs freie Löcher ergeben (4 + 6 = 10).

Richtig aufgeschirrt kann das Pferd jetzt angespannt werden

Vor der Abfahrt wird die Verschnallung überprüft

Ein Beispiel soll zeigen, wie das Verschnallen vor sich geht: Bei einem Zweispänner zeigt dauernd die Deichsel nach rechts, der linke Aufhalter ist straff, der Wagen läuft nach rechts. Dadurch scheint das rechte Pferd faul zu sein. Zuerst versucht man, mit der Peitsche das rechte Pferd anzutreiben, um den Wagen wieder geradeaus zu bringen. Sollte das keinen Erfolg haben, versuchen wir es mit dem Verschnallen der Leine. Dabei wird die linke Innenleine ein oder zwei Loch verlängert, danach die rechte Innenleine um ein oder zwei Loch verkürzt. Somit habe ich nun dem faulen Pferd mehr Leine gegeben und es hat die Möglichkeit, vermehrt nach vorne zu treten.

Hindernisfahren ist Teil der Ausbildung, weil es die Durchlässigkeit verbessert

Achten Sie auf die Leine

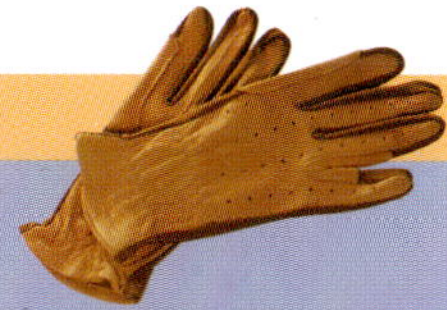

Die Leine ist ein wichtiges Detail im Fahrsport, sie sollte immer schonend und pfleglich behandelt werden. Von ihr hängen die Sicherheit des Gespannes, der Fahrer und der Passagiere ab. Legen Sie die Leine deshalb immer sorgfältig zusammen und lassen Sie sie nicht achtlos im Stall herumliegen. Hängen Sie sie an einem trockenen Ort, der aber nicht zu warm sein darf, damit das Leder nicht austrocknet. Und vergessen Sie nicht, die Leinen ebenso wie die Geschirre regelmäßig zu reinigen und zu pflegen (Pflegetipp, Seite 59).

Das linke Pferd dagegen habe ich durch das Verkürzen auf der rechten Innenleine aus dem Zug genommen. Nach diesem Verschnallvorgang muss dann wieder die Grundschnallung herauskommen, von der wir ausgegangen sind.

Grundsätze des Achenbachschen Fahrsystems

- 1. Zum korrekten Fahren gehören die richtige Achenbach-Leine, Peitsche und feste Bracke[1].
- 2. Auf korrektem ein- und zweispännig Fahren ist vier- und mehrspännig Fahren aufgebaut. Umlernen nicht nötig.
- 3. Die rechte Hand ist jeden Augenblick frei zum Grüßen, Bremsen, Peitschgebrauch und zum Geben von Fahrtrichtungsanzeichen.
- 4. Die senkrechte Stellung beider Hände in der Grundhaltung ermöglicht Wendungen lediglich durch Drehung der Handgelenke.
- 5. Alle Wendungen werden durch Nachgeben mit der äußeren Leine eingeleitet. Den Wendungen geht immer ein Verkürzen des Tempos voraus.
- 6. Rechts- und Linkswendungen sind grundsätzlich voneinander verschieden und werden deshalb auch verschieden gefahren.
- 7. Das Gleitenlassen einer Leine oder mehrerer Leinen macht korrektes Fahren unmöglich und ist im Straßenverkehr gefährlich, deshalb verboten.

[1] Bracke = Waage, eine feste Bracke ist eine Sprengwaage

Vor der Fahrt werden die Leinen richtig aufgenommen

Wissens-Check

Wie bezeichnet man die Leine richtig?

Man bezeichnet sie als die Achenbachsche Kreuzleine.

Wie viele Grund- oder Normalschnallungen kennen wir und wie heißen sie?

Es gibt drei Arten: Grundschnallung 8 für schmale Pferde, Grundschnallung 10 für mittelbreite Pferde und Grundschnallung 12 für breite Pferde.

In welchem Loch ist der Dorn bei der jeweiligen Grundschnallung?

Der Dorn ist bei der Grundschnallung 8 im 5. Loch, im 6. Loch bei der Grundschnallung 10 und bei der Grundschnallung 12 im 7. Loch.

Wie viel cm Differenz sind an der Einschnallstrippe zwischen Außen- und Innenleine?

Bei der Grundschnallung 8 sind acht cm Differenz, zwölf bei der Grundschnallung 10 und sechzehn cm Differenz bei der Grundschnallung 12.

Wie viele Löcher sind auf der Außenleine?

Auf der Außenleine sind elf ovale Löcher im Abstand von vier Zentimetern auf einer Gesamtfläche von 40 cm.

Wie unterscheide ich die linke und die rechte Leine?

Am Ende des Handstückes sind eine Schnalle und eine Strippe: Die Schnalle ist links und die Strippe ist rechts.

Was ist der größte Vorteil der Leine?

Der größte Vorteil ist, dass der Fahrer sie vom Bock aus verschnallen kann.

Wie kann ich ohne Metermaß feststellen, ob meine Leinen korrekt sind?

Wenn die Kreuzschnalle in Richtung Handstück in das dritte Loch bei beiden Leinen geschnallt wird, dann müssen alle vier Einschnallstrippen gleich lang sein.

Welche Voraussetzungen müssen erfüllt sein, damit man die Leinen zu einem Ausgleich verschnallen kann?

Voraussetzung ist eine halbfeste oder feste Anspannung, bei der alle Stränge ins gleiche Loch geschnallt sind.

Eine Stilfrage

Fahren ist nicht gleich Fahren. Wie und was man fährt, ist nicht zuletzt eine Frage des Stils. Nach dem Stil richtet sich nicht nur die Art des gefahrenen Wagens, sondern auch das Geschirr der Pferde und die Kleidung von Fahrer und Beifahrer. Auf Turnieren findet man heute zwei Stilarten: den Englischen und den Ungarischen Stil. Weitere Stilarten, wie der Russische und der Amerikanische Stil, sind bei uns relativ unbedeutend und im Sportbereich gar nicht zu finden. Die Stilart entscheidet darüber, welche Geschirre die Pferde tragen. So wird im Turniersport der Englische Stil mit Kumt gefahren. Das Kumt ist das traditionelle Geschirr für Landwirtschaft, Forstwirtschaft und bergiges Gelände. Das Brustblatt hingegen wird im flachen und nur leicht bergigen Gelände eingesetzt. Mit einem Brustblattgeschirr fährt man im Ungarischen Stil.
Zu beiden Geschirrarten gehören ein Fahrzaum, der mit Blendkappen versehen ist, und Gebisse zum Fahren. Das Gebiss muss nicht nur zum Stil, sondern auch zum Pferdemaul passen. Die Größe und Dicke des Gebisses muss dem Pferd passen.

Das passende Geschirr zu Pferd und Wagen

Die Stilarten

Als Stilarten bezeichnet man, wie die Fahrer und die Beifahrer bekleidet sind und welche Geschirre die Pferde tragen, welche Gebisse man benutzt und wie die Peitsche aussieht.

In der Fahrerei kennt man vier Stilarten, wovon zwei, der Englische und der Ungarische Stil, als klassisch bezeichnet werden.

Dieser Wagen im Englischen Stil steht für eine Ausfahrt bereit

Die Geländetrainingswagen gehören keiner Stilart an

▸ Der Stil im Turniersport

Der Stil spielt heutzutage lediglich im Turniersport eine Rolle. In den Dressurprüfungen sieht man hauptsächlich Fahrer und Gespanne im Englischen oder Ungarischen Stil, andere Stilarten sind deutlich seltener.

Spritzbrett und Fußablage sowie Platz des Fahrers

Englischer Stil

Zum Englischen Stil gehört das Kumtgeschirr mit Kandare (siehe Gebisse, S. 73). Gefahren wird im Englischen Stil mit Bogenpeitsche und Achenbachscher Kreuzleine. Der Fahrer im Englischen Stil trägt einen grauen Anzug, Zylinder und eine Kniedecke. Die Beifahrer sind mit einer weißen Reithose, Reitstiefeln mit Stulpen, einem Livree (schwarzer Halbmantel mit zwei Reihen Knöpfen) sowie mit einem Zylinder oder einer Melone bekleidet. Fahrer und Beifahrer tragen die gleichen naturfarbenen Handschuhe. Für den Beifahrer ist auch eine Uniform erlaubt. Er kann auch einen Reitanzug tragen, der aber immer ohne Sporen sein muss. Zu einem Reitanzug im Englischen Stil gehört auch eine Reitmütze.

Im Englischen Stil werden sowohl Einspänner als auch Zweispänner und Mehrspänner gefahren.

Die Sprengwaage mit beweglichen Ortsscheiten ist typisch für den Englischen und den Ungarischen Stil

Ungarischer Stil

Zum Ungarischen Stil gehört das Brustblatt- oder Sielengeschirr. Es wird mit Kandare oder Doppelringtrense gefahren und der Fahrer benutzt eine Stockpeitsche. Beim original Ungarischen Stil wird mit der Wiener Leine gefahren, aber auch die Achenbachsche Kreuzleine ist möglich.

Die Bekleidung von Fahrer und Beifahrer im original Ungarischen Stil: Der Fahrer trägt einen Straßenanzug mit einem weichem Hut oder mit einem Strohhut, die Beifahrer sind in der ungarischen Landestracht gekleidet.

Beim so genannten einfachen Ungarischen Stil trägt der Fahrer einen Straßen- oder Trachtenanzug mit einem weichen Hut. Die Beifahrer tragen ebenfalls einen Straßen- oder Trachtenanzug. Sie können auch hier einen Reitanzug, der immer ohne Sporen sein muss, tragen. Fahrer und Beifahrer tragen beide immer Handschuhe, der Fahrer hat eine Kniedecke.

Im original ungarischen Stil werden keine Einspänner gefahren. Typisch Zweispänner oder Mehrspänner mit einer ungeraden Zahl von Pferden, wie beispielsweise der Fünferzug.

Russischer und amerikanischer Stil

Typisch für den Russischen Stil ist die Troika, bei der drei Pferde nebeneinander angespannt werden. Es sind zumeist recht schnelle Pferde. Das innere Pferd, das in der Gabel geht, hat einen starken Trab. Über seinen Hals verläuft ein Krummholz, die Duga. Die äußeren Pferde sind stark nach links- bzw. nach rechts-außen gestellt und galoppieren im Kontergalopp: Das linke Pferd ist im Rechtsgalopp und das rechte Pferd im Linksgalopp. Das Gabelpferd trägt ein Kumtgeschirr, die beiden äußeren Pferde tragen Sielengeschirre ohne Fahrzaum. Sie werden nur mit Trense gefahren. Auf den Leinen sind Metallknöpfe in der Kruppengegend, die zum Treiben verwendet werden. Es gibt keine Peitsche.

Beim Amerikanischen Stil werden Traber verwendet und sehr leichte Geschirre aufgelegt. Als Peitsche fungiert eine Gerte. Der gebräuchliche Wagen ist der Sandschneider, ein Wagen mit vier gleich großen Rädern. Die Geschirre sind nicht festgelegt und auch der Fahrzaum wird zum Teil mit und zum Teil ohne Scheuklappen verwendet. Im Amerikanischen Stil können sowohl Trensengebisse als auch Kandaren verwendet werden.

Sowohl der Amerikanische als auch der Russische Stil sind in der heutigen Zeit eher unbedeutend.

Diese lose Anspannung ist typisch für Land- und Forstwirtschaft

Anspannungsarten

Die Anspannungsarten bezeichnet man, wie die Pferde an den Wagen angespannt sind. Im Einzelnen kennen wir die lose Anspannung, auch Spielwaage genannt, die halbfeste Anspannung mit beweglichen Ortscheiten, auch Sprengwaage genannt, sowie die feste Anspannung, die auch als Dockanspannung bezeichnet wird. Alle drei Anspannungsarten haben bis heute ihre Daseinsberechtigung und werden auch eingesetzt.

Kombinierte Geschirre können in fester, halbfester und loser Anspannung gefahren werden

Die Spielwaage

Diese bezeichnet eine Anspannungsart, die in der Land- und Forstwirtschaft verwendet wird. Bei dieser Art muss jedes der Pferde ziehen, ob es will oder nicht. Sie ist in sich beweglich und wird in der Mitte vom Waagbalken oder Hauptortscheit ein- bzw. aufgehängt. In dieser Anspannungsart kann nie so genau gefahren

Halbfeste Anspannung und...

...feste Anspannung.

werden, wie z. B. bei einer Dressuraufgabe oder einem Hindernis verlangt wird. Mancher Turnierfahrer fährt im Gelände in den Phasen A – D vorwiegend in loser Anspannung, damit beide Pferde gleichmäßig ziehen müssen. Jedoch in der Hindernisstrecke (E) wird er dann wieder auf halbfest umstellen. Das Gespann kann in loser Anspannung mit Achenbachscher Kreuzleine gefahren werden, die Köpfe der Pferde können durch Verschnallen der Leine gerade gerichtet werden. Weitere Verschnallungen können bei dieser Anspannungsart nicht vorgenommen werden, da sich durch die Spielwaage die Verschnallungen wieder aufheben würden. Ein weiterer Nachteil der losen Anspannung ist, dass sie zum Einfahren von Pferden ungeeignet ist.

Die Sprengwaage

Der tägliche Fahrbetrieb, wie das Einfahren von Pferden oder das Fahren von Dressuraufgaben, werden in halbfester Anspannung, also mit der Sprengwaage gefahren. Diese Anspannung ermöglicht es uns, mit Kumt- oder Brustblatt ganz korrekt und genau zu fahren. Das korrekte Fahren kommt zustande, weil die Sprengwaage direkt mit dem Vorderwagen fest verbunden ist. Gibt der Fahrer auf der rechten Leine nach, hat das rechte Pferd mehr Leine und kann daher fleißiger vorwärts treten und bringt somit den Wagen nach links in die Wendung. Man sagt, das äußere Pferd bringt den Wagen in die Wendung; das innere Pferd zieht ihn durch die Wendung. Bei dieser Anspannungsart kann der Fahrer seine Verschnallungsmöglichkeiten einsetzen (siehe Achenbachsche Kreuzleine, S. 36). Die Beschirrung von den Pferden kann Kumt- oder Brustblatt sein.

Die Dockanspannung

Die Dockanspannung wird auch als feste Anspannung bezeichnet. Sie darf nur mit Kumt gefahren werden, weil die Stränge nicht an den Ortscheiten angebracht sind, sondern auf den Docken, die sich auf der Sprengwaage befinden. Mit Brustblatt beschirrte Pferde scheuern sich während der Bewegung innerhalb des Geschirres und werden im Brustbereich wund.

Mit dieser Anspannungsart wird ein genaues Fahren ermöglicht, weil die Sprengwaage direkt mit dem Vorderwagen verbunden ist. Gibt der Fahrer auf irgendeiner Leine nach, so wird dieses vom Pferd sofort und ohne den Ausgleich des Ortscheits nach links oder rechts umgesetzt. Bei dieser Anspannungsart müssen die Pferde gut gefahren sein, aber auch gut verpasste Geschirre sorgen für einen zwanglosen Zug. Das Einfahren mit dieser Anspannung ist nicht zu empfehlen. Bei der Dockenanspanung können alle Verschnallungsmöglichkeiten eingesetzt werden.

Englisches Kumt komplett mit Leine, Gebiss und Fahrzaum

Brustblatt im ungarischen Stil mit Gebiß und Fahrzaum

Geschirrkunde

Jeder Fahrer, Beifahrer oder Fahrschüler sollte sich mit den Geschirren auskennen, sämtliche Einzelteile benennen und das Verpassen der Geschirre vornehmen können. Diese Fähigkeiten werden in der Fahrabzeichenprüfung auch abgefragt.

Es gibt zwei unterschiedliche Arten von Geschirren: Das Kumtgeschirr und das Brustblatt- oder Sielengeschirr. Bei beiden Geschirrarten muss unbedingt darauf geachtet werden, dass sie den Pferden gut angepasst werden sowie richtig verschnallt sind. Nur, wenn die Geschirre richtig angepasst sind, können die Pferde die optimale Arbeitskraft wiedergeben und ohne Folgeschäden im Geschirr arbeiten. Unsachgemäßes Verpassen von Geschirren, und sei es nur aus Nachlässigkeit, ist für die Pferde eine Qual und verstößt gegen das Tierschutzgesetz. Geschirre, die nicht richtig passen, scheuern und drücken. Ein Pferd, das ungleichmäßig ziehen muss, belastet Rücken und Beine ungleichmäßig, Bänder und Sehnen können schnell Schaden nehmen. Solche Schäden können irreparabel sein.

Das Kumtgeschirr und dessen Einzelteile

Das Kumt wurde und wird immer noch im bergigen Gelände, in der Landwirtschaft und Forstwirtschaft eingesetzt. Im Turniersport wird im Englischen Stil mit Kumt gefahren.

Das Kumt bietet sich immer dann an, wenn von dem Pferd besonders viel Zugleistung verlangt wird.

Beim Kumtgeschirr sprechen wir von einer Dreipunktauflage: Es liegt links und rechts auf der Schulter und in der Halskerbe. Der Zug wird auf den beiden Schultern ausgetragen. Das Kumt muss dem Pferd ganz genau passen, deshalb lässt sich nicht jedes Kumt mit einem anderen Pferd fahren.

Das Kumtgeschirr besteht aus folgenden Einzelteilen:

⑤ Kumtgürtel
⑥ bewegliche Leinenaugen
⑦ Kumtbügel
⑧ Zugkrampe
⑨ Zugöse

⑩ Langring mit Aufhaltering

⑪ Strangstutze mit Strangstutzenschnalle

Zur Pflege der Geschirre

Gut gepflegte Geschirre liegen bei der Arbeit besser am Körper des Pferdes an. Gute Pflege verlängert außerdem die Lebens- und Einsatzdauer der Geschirre.
Der größte Feind des Leders ist der Schweiß. Der Schweiß zersetzt die Strohfüllung des Geschirrs und greift die Nähte an. Das Leder wird mürb und brüchig.
Die Geschirre sollten deshalb nach jedem Fahren von Schweiß und Dreck gesäubert werden. Das Leder muss auch regelmäßig mit pflegenden Mitteln behandelt werden.
Die handelsüblichen Lederpflemittel sind hierfüt gut geeignet. Knochenöl gemischt mit Bienenwachs ist der Tipp eines renommierten Sattlers.

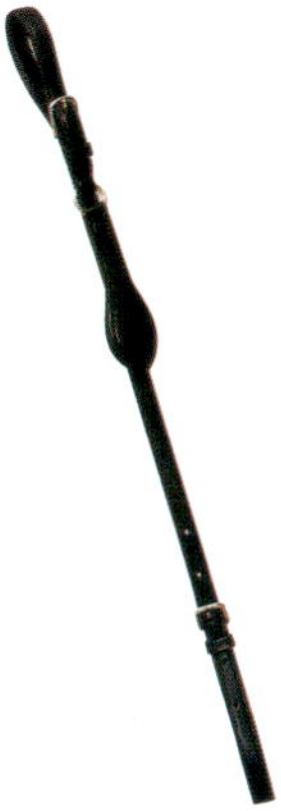

⑫ Sprungriemen mit Spieler

⑬ **Fallring**
⑭ **Kammdeckel mit feststehenden Leinenaugen und Kammdeckel-schlüssel (Aufsatzhaken)**

⑮ **Zugstränge links und rechts**
⑯ **Oberblattstößel**
⑰ **kleine Bauch-gurtstrippe**
⑱ **kleiner Bauchgurt**
⑲ **Oberblattstrippe (Strupfe)**
⑳ **Strangstutze**

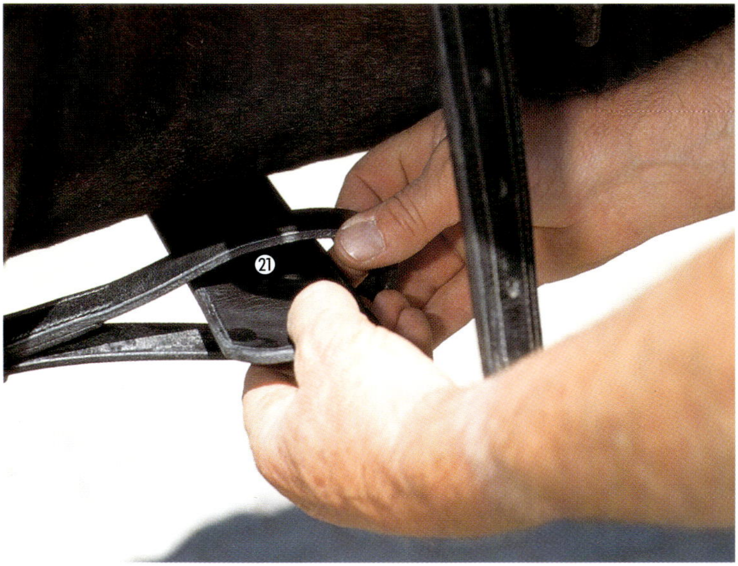

㉑ großer Bauchgurt und -strippe und Fallring

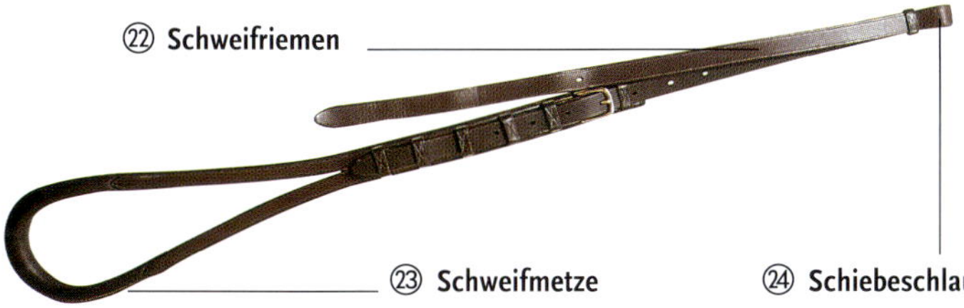

㉒ Schweifriemen

㉓ Schweifmetze

㉔ Schiebeschlaufe

Das traditionelle Kumt

Das traditionelle Kumt ist mit Stroh gefüllt und mit Winterrehhaaren abgepolstert. Für die Kumte wird Roggenstroh verwendet. Da die neueren Sorten in unseren Breiten oft nicht mehr fest genug sind, holen manche Sattler sich ihr Roggenstroh aus Polen.
Das Unterkissen, mit dem das Kumt abgepolstert werden kann, ist häufig mit Rehhaargefüllt. Das Unterkumt kann dazu verwendet werden, dass Kumt besser anzupassen. Es gibt aber auch Kumte, bei denen die Länge um circa fünf cm verstellt werdem kann.
Das Kumt (auch Kummet genannt) hat in Deutschland traditionell eher eine rundovale Form, während das englische Kumt birnenförmig ist.

Der Fahrzaum

Der Fahrzaum ist sowohl beim Kumt- als auch beim Brustblattgeschirr gleich gearbeitet. Auch die Ein- und die Zweispänner unterscheiden sich nicht.

① Backenstücke mit eingenähter Blendklappe und dem Blendriemen (verstärkt mit Draht)
② Spieler

③ Genickstück mit angenähter Blendriemenschnalle
④ Stirnband mit Stirnbandkette

⑤ **Nasenriemen mit Durchlässen und Schlaufen**

⑥ **Kehlriemen**

⑦ **Rosette**

Das Verpassen des Kumtgeschirrs

Das Kumt muss auf einer großen Fläche der Schultern aufliegen, und zwar genau so wie die Schulter anatomisch gelagert ist. Auf keinen Fall darf die Halsmuskulatur in Mitleidenschaft gezogen werden. Aus diesem Grund sollten immer nur gut gearbeitete Kumte verwendet werden, die sich im Laufe der Arbeit anatomisch der Schulterlage anpassen: Gute Geschirre sind solche, die mit einem Strohkranz als Unterlage gefertigt sind und mit Winterrehhaar abgepolstert werden.

Beispiel für ein gut sitzendes und richtig verpasstes Kumtgeschirr

Der richtige Sitz des Kumts kann durch seitliches Entlangfahren mit den Fingern zwischen Pferdehals und Kumt ermittelt werden. Am unteren Ende zwischen Kumt und Luftröhre sollte Platz für eine Faust frei sein. Mit einem zu engen Kumt darf nie gefahren werden. Ist ein Kumt zu lang, kann es durch einen so genannten Kumtkeil in seiner Länge, aber nicht in der Weite verkürzt werden. Ist das Kumt zu lang und zu weit, so schafft das so genannte Unterkumt Abhilfe.

Das Unterkumt dient der verbesserten Auflage und dem besserren Sitz

Das Unterkumt verbessert den gesamten Sitz, wodurch sich generell eine verbesserte Auflage ergibt.

Auf eine gerade Zugrichtung der Stränge, die von der Zugrampe zum Ortscheit läuft, ist zu achten. Eine gebrochene Zuglinie übt über den Kammdeckel Druck auf den Pferderücken aus. Unterbrochen werden kann der Zug in Höhe der Oberblattstrippe am Kammdeckel, wenn die Oberblattstrippe zu kurz geschnallt ist. Zur Korektur muss die Oberblattstrupfe um ein bis zwei Löcher länger in den Oberblattstößel geschnallt werden.

Beispiel für ein richtig liegendes Aufziehleder

Man spricht von einem Zugrichtungswinkel, der zwischen zehn und zwölf Grad liegen sollte. Er richtet sich immer nach der Größe der Pferde und der Größe der Räder sowie nach der Anbringung der Zugvorrichtung und muss deshalb immer genau geprüft werden.

Wichtig ist, dass der Kammdeckel gut gepolstert ist und dass eine genügend große Kammer Druckstellen am Widerrist verhindert. Der Schweifriemen soll so verpasst sein, dass er in der Bewegung leicht wippt. Er darf nicht zu straff gespannt sein, das empfinden viele Pferde als unangenehm. Der Schweifriemen hat nur die Aufgabe, den Kammdeckel in seiner richtigen Lage zu halten.

Richtig verpasster Fahrzaum

Zu den Strängen ist zu sagen, dass der Innenstrang fünf cm kürzer ist als der äußere Strang. Die unterschiedlichen Stränge sind am stumpfen und spitzen Anfang der Stränge zu erkennen: Der innere Strang ist stumpf, der äußere ist spitz. Am Ende der Stränge ist die Strangschlaufe mit dem Aufziehleder. Das Aufziehleder ist im eingespannten Zustand immer oben und zeigt nach hinten.

Beispiel für ein richtig liegendes Gebiss und einen korrekt sitzenden Nasenriemen bei einem rechten Pferd

Das Anpassen des Fahrzaums

Das Anpassen des Fahrzaumes muss sorgfältig geschehen. Das Genickstück darf nicht zu breit gearbeitet sein, damit es die Ohren nicht berührt, der Blendriemen und das Stirnband müssen lang genug sein. Die Blendkappen sind an den oberen Backenstückschnallen so einzustellen, dass das Auge zwischen dem oberen ersten und zweiten Drittel liegt. Schließlich soll verhindert werden, dass das Pferd nach hinten schaut.

Im Blendriemen ist ein Draht eingearbeitet, der es ermöglicht, die Seitwärtsstellung der Blendklappen zu erhalten. Die Blendklappen sind nach außen gewölbt, um ein Drücken der Wimpernhaare zu vermeiden. Der Kehlriemen wird so eingestellt, dass er an der Ganasche anliegt, wenn das Pferd in Anlehnung geht. Der Nasenriemen hat auf einer Seite einen Durchlass und auf deren anderen drei Durchlässe, welcher so im Backenstück eingeschnallt ist, dass auf der jeweiligen Außenseite ein Durchlass und auf der jeweiligen Innenseite drei Durchlässe vorhanden sind. Die Durchlässe ermöglichen das richtige Einstellen des Nasenriemens. Backenstückstrippen laufen immer durch die vorhandenen Schlaufen des Nasenriemens und nicht umgekehrt. Die Strippe des Nasenriemens zeigt immer nach innen.

Das Gebiss wird in seiner Höhe an den unteren Backenstückschnallen eingestellt: Es soll so hoch liegen, dass die Maulspalte nicht nach oben gezogen wird. Die Kinnkette wird nach rechts gedreht und so eingehängt, dass sie glatt liegen bleibt. Stets wird der Fahrzaum wie auch das Geschirr auf der jeweiligen Außenseite auf- und zugemacht. Daran erkenne ich auch, ob es sich um ein linkes bzw. rechtes Geschirr oder bzw. einen Fahrzaum handelt. Beim Einspännergeschirr oder beim Brustblatt ändert sich am Verpassen des Fahrzaums nichts.

Nasenriemen schließen,

Kinnkette nach rechts ausdrehen

und glatt einhängen.

Das Brustblatt- oder Sielengeschirr und dessen Einzelteile
Das Brustblatt besteht aus folgenden Einzelteilen:

① angenähte Schweifmetze
② Schweifriemen
③ Kammdeckelschlüssel (Aufsatzhaken)
④ feststehende Leinenaugen
⑤ Fallringe
⑥ Kammdeckel
⑦ Halsriemen (daran nach oben und unten bewegliche Leinenaugen)
⑧ Halskoppel
⑨ Oberblattstößel
⑩ Aufhaltering
⑪ Das Brustblatt (oder Siele)
⑫ Brustblattschnalle (bzw. Strangschnalle)
⑬ Zugstrang
⑭ großer und kleiner Bauchgurt

Traditionell hat das Brustblattgeschirr keinen Sprungriemen. Der Sprungriemen hält beim Kumt das Geschirr in der richtigen Lage. Moderne Brustblattgeschirre, die im Sport Verwendung finden, haben ebenfalls einen Sprungriemen, der beim Rückwärtsrichten hilfreich ist. Aber auch im Trab ist der Sprungriemen auf alle Fälle von Vorteil.

Verpassen des Brustblattgeschirrs

Das Brustblatt wird im flachen Gelände und für leichte Arbeiten im bergigen Gelände verwendet. Es hat, anders als das Kumt, nur eine Auflagefläche: Das Brustblatt läuft um die ganze Brust herum. Das Pferd zieht und bewegt sich innerhalb des Geschirres. Im Gegensatz zum Kumtgeschirr passt das Brustblatt jedem Pferd, wenn es entsprechend verpasst wird.

Der untere Rand des Brustblattes soll zwei Finger über dem Buggelenk liegen, um bei der Arbeit nicht das Buggelenk zu beinträchtigen. Das Brustblattgeschirr darf auch nicht zu hoch liegen, damit die Luftröhre nicht in Mitleidenschaft gezogen wird. Die Höhe wird am Halsriemen eingestellt.

Die Breite des Brustblattgeschirrs soll zwischen elf und dreizehn cm betragen.

Die Halskoppel ist zum Aufhalten des Wagens gedacht und muss so geschnallt sein, dass der Wagen beim Aufhalten dem Pferd nicht an die Hinterbeine läuft.

Der Aufhaltering ist immer zur Deichsel hin eingenäht, daran kann man erkennen, ob es sich um ein linkes oder rechtes Geschirr handelt. Ein weiteres Unterscheidungsmerkmal von rechten und linken Geschirren ist die Halskoppel, an der die Verschnallung immer auf der jeweiligen Seite auf- und zugemacht wird.

Die Stränge, der Kammdeckel und der Schweifriemen sind genau so eingeschnallt wie beim Kumtgeschirr.

Bei diesem Kumt sieht man sehr gut die Drei-Punkt-Auflage und die Zugpunkte links und rechts an der Schulter

Das Einspänner Kumtgeschirr

Fahrzaum und Schweifriemen sind ebenso wie bei anderen Geschirren. Beim Einspänner-Kumt gibt es folgende Ausnahmen: Einen Langring gibt es nur Ausnahmefällen, in der Regel hat das Einspänner-Kumt eine Schlusskette. Das Einspänner-Kumt hat auch keinen Aufhaltering und keinen Sprungriemen. Stattdessen hat es kurze Strangstutzen mit der Strangschnalle. Der kurze Strangstutzen muss immer vor der Trageöse und dem Trageriemen liegen, um die Beweglichkeit der Stränge zu garantieren.

Die Trageöse aus Metall wird bei zweiachsigen Wagen verwendet

Anstelle des Kammdeckels ist das Selett vorhanden, welches weitaus breiter und stabiler gebaut ist um Last aufzunehmen. Das Selett braucht eine gute Polsterung und eine ausreichend große und passende Kammer, damit es nicht auf den Widerrist drückt. Das Einspänner-Kumtgeschirr hat außerdem zwei feststehende Leinenaugen, den Aufsatzhaken und einen Trageriemen mit eingeschnallten Trageösen. Einen kleinen Bauchgurt gibt es nicht, stattdessen ist der gepolsterte große Bauchgurt mit Doppelschnallen ausgerüstet. Doppelschnallen benutzt man, weil in einer Schnalle das Selett festgezogen und in der zweiten Schnalle der Trageriemen festgemacht wird. Die Stränge sind gleich lang und laufen spitz aus. Weiter haben wir ein Hintergeschirr, welches gleichzeitig zum Aufhalten des Wagens ist. Der Einspänner hat keine Deichsel, sondern eine Gabel, die man auch als Schere oder Lannen bezeichnet. Die Trageösen sind sehr unterschiedlich, sie sind aus Leder oder aus Eisen. Die ledernen Trageösen haben einen durchgehenden Trageriemen, der auch beweglich ist und zu einem einachsigen Wagen gehört. Die eisernen Trageösen sind mit Leder überzogen. Die unbeweglichen Trageriemen gehören zu den zweiachsigen Wagen.

Großer Bauchgurt mit Doppelschnallen für Bauchgurt und Trageriemenstrippen

Das Einspänner-Brustblatt- oder Sielengeschirr

Der Fahrzaum, der Schweifriemen und das Selett sind beim Einspänner-Brustblattgeschirr mit dem Einspänner-Kumtgeschirr identisch. Was neu hinzukommt, ist ein kurzes Brustblatt mit einer Strangschnalle ohne Aufhaltering. Die Strangsschnalle

① Kurzes Brustblatt
② Halsriemen
③ nach oben und unten bewegliche Leinenaugen
④ Brustblattschnalle
⑤ gleichlange Stränge
⑥ Hintergeschirr
⑦ Gabelriemen
⑧ Umgang
⑨ Träger zum Hintergeschirr

kommt nicht unter der Trageöse zum Liegen und das Brustblatt besitzt keinen Aufhaltering, es gibt keinen Halskoppelriemen und keinen kleinen Bauchgurt. Die Breite des Brustblattes entspricht dem des Zweispänners. Der Halsriemen hält das Brustblatt in der gleichen Höhe wie beim Zweispänner. Das gerade beschriebene trift beim Selett ebenso zu wie beim Kumtgeschirr.

Zum Hintergeschirr ist zu sagen, dass es eine halbe bis eine ganze Hand unter dem Sitzbein eingestellt sein sollte. Der Gabelriemen wird so verschnallt, dass das Hintergeschirr die Bewegung des Pferdes nicht beeinträchtigt. Eine Faust soll zwischen Pferd und Hintergeschirr passen. Der Gabelriemen wird in den in der Gabel vorhandenen Ösen festgemacht, der Strang soll einmal durchlaufen. Die Länge der Stränge ist ebenso lang wie beim Einspänner-Kumt. Die Stränge verlaufen unter dem Trageriemen.

Trageriemen beweglich, Trageöse aus Leder für einachsigen Wagen

Das Einspänner-Kumtgeschirr und dessen Einzelteile

Das Kumt, der Fahrzaum und der Schweifriemen entsprechen denen der Zweispänner.

① Schlusskette (ggf. Langring)
② kurze Strangstutzen mit Strangstutzenschnalle
③ Selett
④ Sättelchen
⑤ Aufsatzhaken
⑥ feststehende Leinenaugen
⑦ Fallring
⑧ Trageriemen
⑨ Trageösen (Leder oder eisern)
⑩ großer Bauchgurt mit Strippe und Doppelschnallen
⑪ Zugstrang
⑫ Schweifriemen
⑬ angenähte Schweifmetze
⑭ Hintergeschirr
⑮ Gabelriemen
⑯ Umgang
⑰ Träger zum Hintergeschirr

Deutlich sichtbare kurze Strangstutze mit spitzen gleichlangen Strängen

Die Gebisse

Das Gebiss bezeichnet man als den Schlüssel zum Maul des Pferdes. Der Fahrer braucht Erfahrung, um die passenden Gebisse auszuwählen.

Die gebräuchlichsten und erlaubten Fahrgebisse

Wir unterscheiden die Gebisse in Kandaren mit durchgehendem Mundstück (starr), Gebisse mit gebrochenem Mundstück (ähnlich wie Trensen) und die Doppelringtrense.

Die Leistungsprüfungsordnung (LPO) regelt, welche Gebisse im Turniersport erlaubt sind. Die Zungenfreiheit darf nicht mehr als 30 mm betragen. Kurze Kandarenanzüge sind ebenso erlaubt wie der Schaumbügel, der Verbindungsbügel zwischen den Kandarenschenkeln. Die Mindestdicke aller Mundstücke beträgt bei Pferden 14 mm und bei Ponys 10 mm. Als zusätzliche Hilfsmittel dürfen bei den Gebissen eine Kinnkettenunterlage, ein aufsteckbarer Zungenstrecker und Gummischeiben verwendet werden.

Alle genannten Gebissarten außer der Doppelringtrense müssen mit einer Kinnkette ausgerüstet sein. Generell müssen die Mundstücke in der Breite so angepasst werden, dass zwischen Maul und Seitenteile auf jeder Seite ungefähr ein Zentimeter Platz vorhanden ist, damit sich das Pferd nicht an den Lefzen verletzt.

Mit welchen Gebissen auf dem Turnier gefahren werden darf, ist in der LPO festgelegt

Die gebräuchlichsten Gebissarten beim Englischen Stil sind die Liverpoolkandare mit starrem oder gebrochenem Mundstück. Die Seitenteile können fest oder beweglich sein. Die Achenbachsche Ellbogenkandare mit starrem oder gebrochenem Mundstück wird verwendet. Die Buxton- und Tillburykandare sind ebenfalls typische Gebisse für den Englischen Stil.

Die Gebisse für den Ungarischen Stil sind die Postkandare mit starrem oder gebrochenem Mundstück und mit zwei oder drei Ringen sowie die Doppelringtrense.

Auf Turnieren dürfen alle Gebisse zu den jeweiligen Stilarten gefahren werden, sofern sie laut LPO zugelassen sind. Zur Fahrabzeichenprüfung sollen die Gebisse wie beschrieben den jeweiligen Stilarten zugeordnet werden.

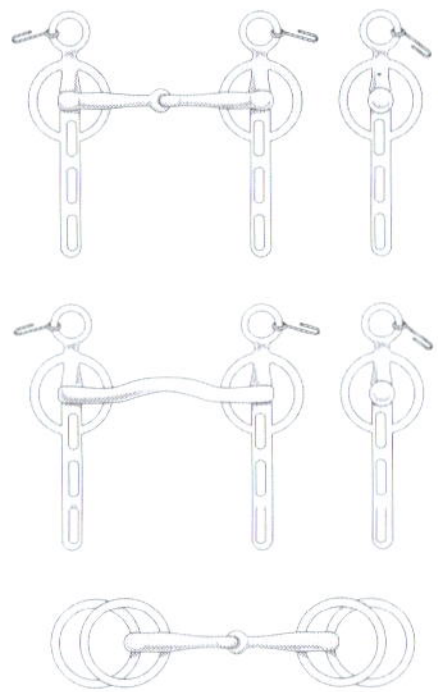

oben: Liverpool Kandare, gebrochen
Mitte: Liverpool Kandare, Stange
unten: Doppelringtrense

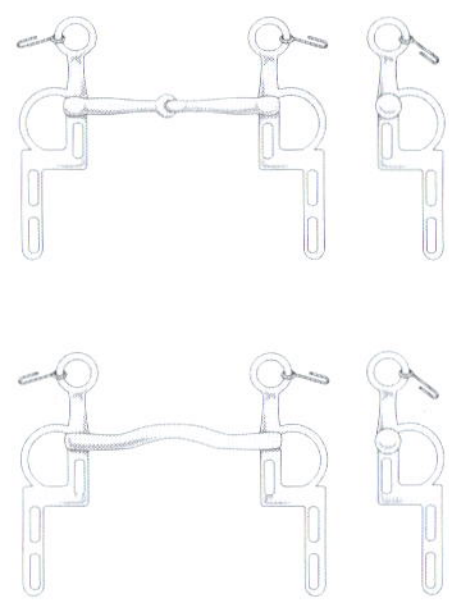

oben: Achenbachsche Ellenbogenkandare, gebrochen
unten: Achenbachsche Ellenbogenkandare, Stange

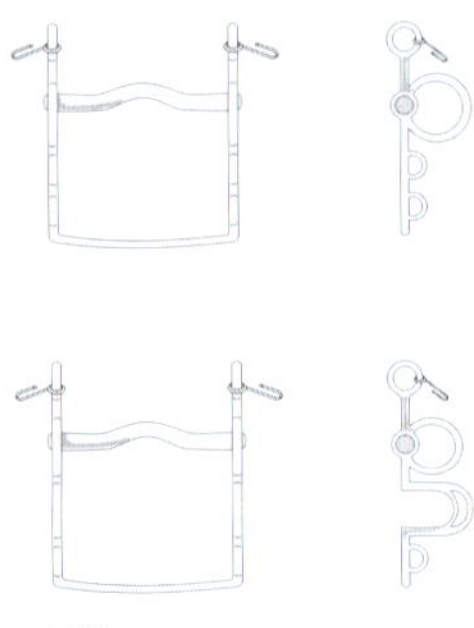

oben: Tilburg
unten: Buxton

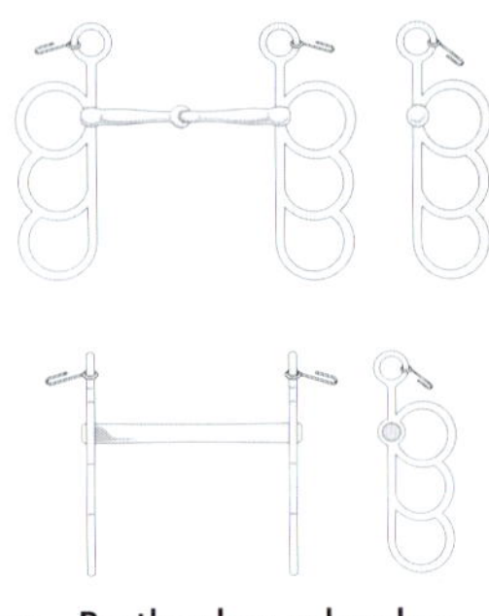

oben: Postkandare gebrochen
unten: Postkandare, Stange

Wissens-Check

Wie beschreibe ich den Begriff Stilart?

Stilart beschreibt, welche Geschirre die Pferde tragen, wie der Fahrer und Beifahrer gekleidet sind, was für eine Peitsche, welche Gebisse und welche Wagen gefahren werden.

Wie viele Stilarten kennen wir und wie heißen diese?

Insgesamt vier Stilarten: den Englischen, den Ungarischen, den Amerikanischen und den Russischen Stil.

Mit der richtigen Ausrüstung geht es hinaus ins Gelände

Der glückliche Fahrschüler hat die Prüfung bestanden

Welches sind die gebräuchlichsten Stilarten?

Der Englische und der Ungarische Stil.

Was gehört zum Englischen Stil?

Kumtgeschirr, die Bogenpeitsche, Kandaren, halbfeste oder feste Anspannung, grauer Anzug mit Zylinder für den Fahrer, weiße Reithose, Reitstiefel ohne Sporen, Livree und Melone für den Beifahrer. Handschuhe für Fahrer und Beifahrer. Bockdecke nur für den Fahrer.

Was gehört zum Ungarischen Stil?

Zum Ungarischen Stil gehören: Brustblattgeschirr, die Stockpeitsche, Postkandare oder Doppelringtrense, halbfeste Anspannung, Straßenanzug, Trachtenanzug für den Fahrer, Bockdecke und Handschuhe. Gleiche Kleidung für den Beifahrer. Der original Ungarische Stil besteht aus rundgenähten Strängen und reich verzierten Geschirren.

Beschreibe den Begriff »Anspannung«!

Anspannung ist die jeweilige Anspannungsart, wie die Pferde mit den Strängen an den Wagen angespannt sind.

Wie viele Anspannungsarten kennen wir und wie heißen sie?

Es sind drei Anspannungsarten: die lose, die halbfeste und die feste Anspannung.

Welche Stilart darf nicht bei der festen Anspannungsart verwendet werden?

Die Ungarische Stilart darf nie mit einer festen Anspannungsart verwendet werden.

Kann mit der Achenbachschen Kreuzleine und der losen Anspannungsart gefahren werden?

Ja, aber ein genaues Fahren ist dabei nicht möglich.

Welche zwei Arten von Geschirren gibt es?

Das Kumtgeschirr und das Brustblatt- oder Sielengeschirr.

Wie viele Auflagepunkte hat das Kumtgeschirr?

Das Kumtgeschirr hat drei Auflagepunkte: Links und rechts auf der Schulter und in der Halskerbe.

An wie vielen Punkten zieht das Pferd im Kumt?

Das Pferd im Kumt zieht mit zwei Punkten: Links und rechts auf der Schulter.

Wann wird das Kumtgeschirr eingesetzt?

Das Kumt wird im bergigen Gelände, in der Land- und Forstwirtschaft sowie im Turniersport eingesetzt.

Wie viele Auflage- und Zugpunkte gibt es beim Brustblattgeschirr?

Beim Brustblattgeschirr gibt es jeweils nur einen.

Wo wird das Brustblattgeschirr eingesetzt?

Das Brustblattgeschirr wird im flachen und leicht bergigen Gelände eingesetzt.

Aus welchen Teilen besteht das Kumtgeschirr?

Das Kumtgeschirr besteht aus Kumtkissen, Kumtwulst, Kumtspitze, Schutzkappe, Kumtgürtel, Kumtbügel, bewegliche Leinenaugen, Zugöse, Zugkrampe, Langring mit Aufhaltering,

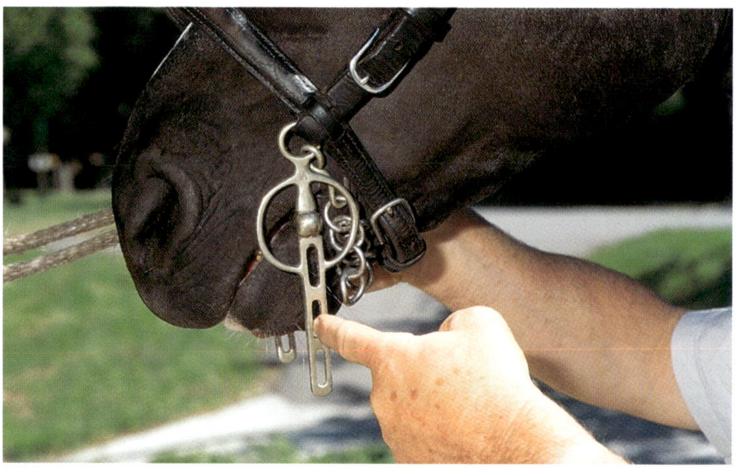

Der richtige Winkel zwischen Maulspalte und Anzug beträgt circa 45 Grad

Anatomisch geformtes Einspänner-Brustblatt

Sprungriemen mit Spieler, Strangstutze mit Strangstutzenschnalle, Oberblattstößel, kleine Bauchgurt-strippe, kleiner Bauchgurt, Kammdeckel mit feststehenden Leinenaugen und Kammdeckelschlüssel (Aufsatzhaken), Fallring, Oberblattstrippe (Strupfe), Zugstränge links und rechts, großer Bauchgurt und -strippe und Fallring, Schweifriemen und Schweifmetze.

Aus welchen Teilen besteht der Fahrzaum (Kopfgestell)?

Der Fahrzaum besteht aus: Genickstück mit angenähter Blendriemenschnalle, Backenstücke mit Blendklappe und Blendriemen, Stirnband mit Stirnbandkette, Spieler, Nasenriemen mit Durchlässen und Schlaufen, Kehlriemen, Kinnkette mit Scherring und Rosette.

Galageschirr im Englischen Stil

Wie soll das Kumtgeschirr richtig liegen?

Das Kumtgeschirr soll so liegen, wie die Schulter anatomisch gelagert ist.

Wie soll die Zugrichtung sein?

Die Zugrichtung soll gerade sein und nicht unterbrochen werden: Also von der Zugkrampenöse bis hin zum Ortscheit gerade sein.

Was verstehe ich unter einem Zugrichtungswinkel?

Wenn eine waagrechte Linie von der Zugkrampenöse als Anhaltungspunkt angenommen wird und dazu die Strangstutze mit dem Strang nach unten zum Ortscheit geht. Dann soll ein Winkel in Höhe des Oberaltstößels entstehen. Dieser richtet sich immer nach der Radgröße sowie der Anbringung der Zugvorrichtung und die Größe der Pferde.

Wie viel Grad sollte der Zugrichtungswinkel betragen?

Die Zugrichtung soll zwischen zehn und zwölf Grad betragen.

Wie wird die Kinnkette eingeschnallt?

Die Kinnkette wird nach rechts gedreht und so eingehängt, dass sie glatt liegt.

Welches sind die Einzelteile des Brustblattgeschirrs?

Das Brustblattgeschirr besteht aus: Brustblatt, Aufhaltering, Halskoppel, Halsriemen, Leinenaugen, Brustblattschnalle, Kammdeckel, feststehende Leinenaugen, Kammdeckelschlüssel, Oberblattstößel, großer Bauchgurt, kleine Bauchgurtstrippe, kleiner Bauchgurt, Zugstrang, Fallringe, Schweifriemen und Schweifmetze.

Gebräuchliche Fahrkandaren mit Kinnkette

Scheibenbremse

Wagenkunde

Man unterscheidet heute die Wagen für die Freizeit und die Wagen für den Turniersport in Dressur- und Marathonwagen und ehemalige höfische Galawagen.

Alle Wagen müssen so gebaut und ausgerüstet sein, dass die Verkehrssicherheit gemäß STVO § 20 Straßenverkehrszulassungsordnung gegeben ist. Die Deutsche Reiterliche Vereinigung (FN) und der Verband der Technischen Überwachungsvereine (VdTÜV) plädieren aus sicherheits- sowie aus versicherungsrechtlichen Gründen für die Abnahme des Sicherheitsstempels.

Die Wagen müssen immer verkehrssicher und gepflegt sein: Vor allem bei älteren Wagen, bei denen keine Schmiernippel

Tipp zum Fetten des Drehkranzes

Anstelle von Fett kann gewöhnliche Schmierseife oder Graphit verwendet werden. Normales Fett oder Öl verschmiert den Drehkranz, das dann beim Waschen und Abledern im Schwamm oder Ledertuch hängen bleibt.

Wagen-Typen

- Wagonette: Die Wagonette ist ein Wagen, bei dem die Beifahrer parallel zur Fahrtrichtung sitzen, das heißt, sie sitzen nicht in Fahrtrichtung.
- Dos-a-dos: Dieser Wagen ist ein klassicher Jagdwagen, mit dem die Hunde zur Jagd gefahren wurden. Die Beifahrer blicken nach hinten.
- Break: Der Break ist ein Wagen, der vor allem Vier- und Mehrspännig gefahren wird.
- Juckerwagen: Dieser Wagen ist besonders leicht. Juckerwagen werden auch Jagdwagen genannt.
- Landauer- oder VictorieaWagen: Sie sind die typischen Wagen für Spazier- und gemütliche Ausfahrten.

Korrekt angebrachte Bremsvorrichtung

vorhanden sind, muss der Drehkranz gut gefettet werden, damit der Geraudeauslauf und das Lenken des Wagens gewährleistet sind. An den älteren Wagen sind in der Regel Patentachsen vorhanden, die sich selbstständig schmieren. Sie haben leider den Nachteil, dass die Lederdichtungen manchmal schon verschlissen sind und das Öl wegtropft oder sich in der Nabe aufsaugt. Die in heutiger Zeit gebauten Wagen sind alle vom Hersteller mit Schmiernippel und Kugellagerachsen ausgestattet.

Dressurwagen im englischen Stil

Bei den modernen Wagen sind beide Achsen voneinander unabhängig mit Scheibenbremsen ausgestattet und zu bremsen (zur generellen Verkehrssicherheit des Wagens siehe S. 106).

Bei der Wahl des Wagens muss auch die Größe der Pferde berücksichtigt werden. Die Deichsel soll in Höhe des Oberarmes der Pferde stehen. Die Länge der Deichsel rich-

Marathonwagen im modernen Typ

tet sich nach den Pferden. Eine zu lange Deichsel schaut bei korrekter Anspannung weit über die Köpfe hinaus. Die korrekte Deichsel soll von der Mitte bis zum Ende der Pferdehälse reichen.

Die Räder sind für die Sicherheit beim Fahren von hoher Bedeutung und müssen entsprechend stabil gebaut sein. Es gibt Holzräder und Metallräder, die überwiegend mit Gummiwulst belegt sind. An älteren Wagen sind teilweise noch Eisenreifen vorhanden.

Blattfedern mit Holzrädern, Lauffläche aus Gummi

Alle Räder müssen so gebaut sein, dass die Räder in der Bewegung den Drang haben, nach innen zu laufen. Dieses wird dadurch erreicht, dass der Achsschenkel eine geringe Abwärtsneigung aufweist und die Speichen eine kleine Neigung nach außen aufweisen: Dies ist der sogenannte Radsturz. Betrachtet man die Räder am Wagen, so steht ab der Nabe die obere Hälfte nach außen, die untere Hälfte rollt korrekt auf der ganzen Lauffläche. An neueren Geländewagen kann ein so genannter Negativsturz vorhanden sein. Der Negativsturz hat den Vorteil, dass der Wagen nicht so schnell umkippt.

Nach der Straßenverkehrszulassungsverordnung sind zwei rote Rückstrahler vorgeschrieben

Vorder- und Hinterräder sollen die gleiche Spurbreite aufweisen. Zur Sicherheit sind eine möglichst breite Spur und ein tiefer gelegter Wagen ideal. Auf Turnieren ist die Spurbreite je nach Art der gefahrenen Prüfung vorgeschrieben. Sie wird in der Leistungsprüfungsordnung festgelegt.

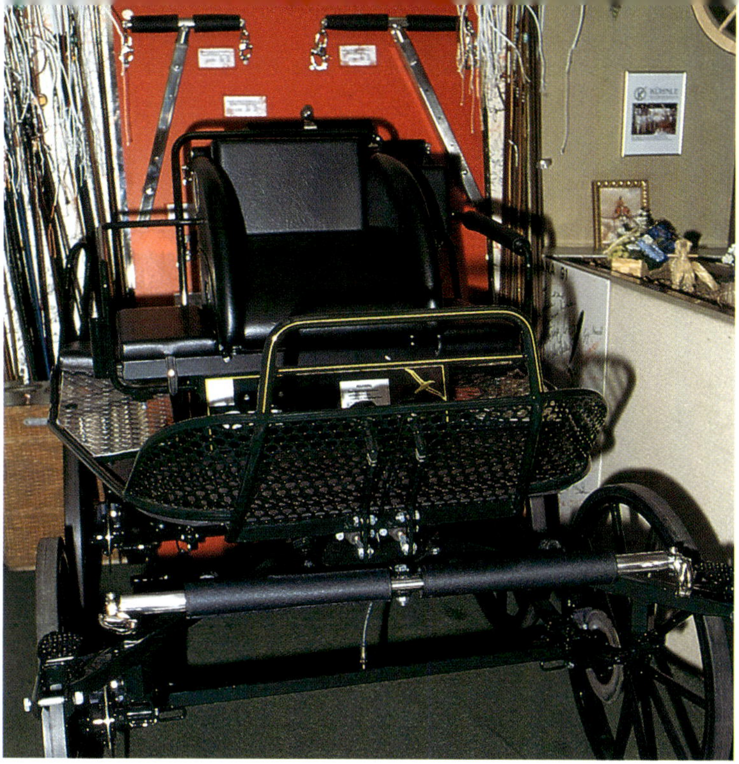

Moderner Einspänner-Marathonwagen

Wissens-Check

Welche Arten von Wagen gibt es?

Es gibt Wagen für den Freizeitsport und für den Turniersport. Man unterscheidet Dressur- und Marathonwagen und ehemalige höfische Galawagen.

In welcher Höhe soll die Deichsel stehen?

Die Deichsel soll in Höhe des Oberarmes der Pferde stehen.

Woran erkennt man eine zu lange Deichsel?

Eine zu lange Deichsel schaut bei korrekter Anspannung weit über die Köpfe hinaus. Die korrekte Deichsel soll von der Mitte bis Ende der Pferdehälse reichen.

Womit wird erreicht, dass die Räder nach innen laufen?

Dieses wird dadurch erreicht, dass der Achsschenkel eine geringe Abwärtsneigung aufweist. Ebenso erhalten die Speichen eine kleine Neigung nach außen, den sogenannten Radsturz. Betrachtet man die Räder am Wagen, so steht ab der Nabe die obere Hälfte nach außen und die untere Hälfte rollt auf der ganzen Lauffläche.

Welchen Vorteil hat ein sog. Negativsturz?

Der Negativsturz hat den Vorteil, dass der Wagen nicht so schnell umkippt. Vorder- und Hinterräder sollen die gleiche Spurbreite aufweisen.

Bei welchen Wagen wird er eingesetzt?

Bei Geländewagen wird der Negativsturz verwendet.

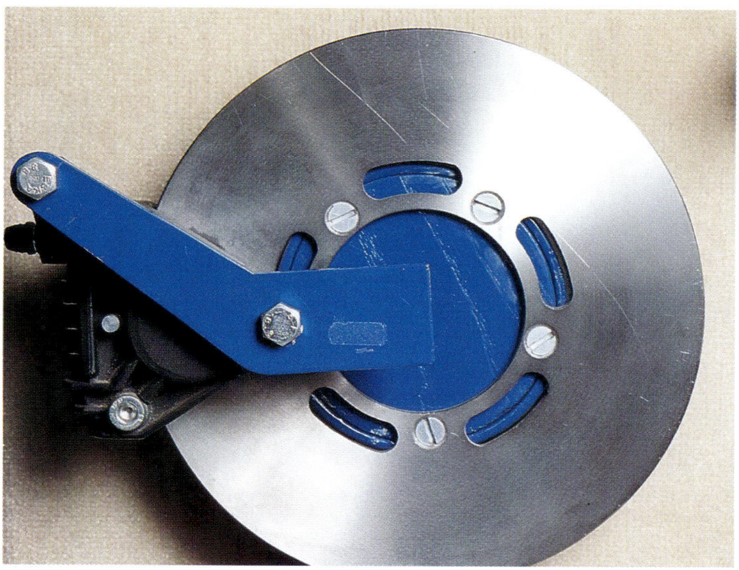

Bremsscheibe für Wagen im Fahrsport

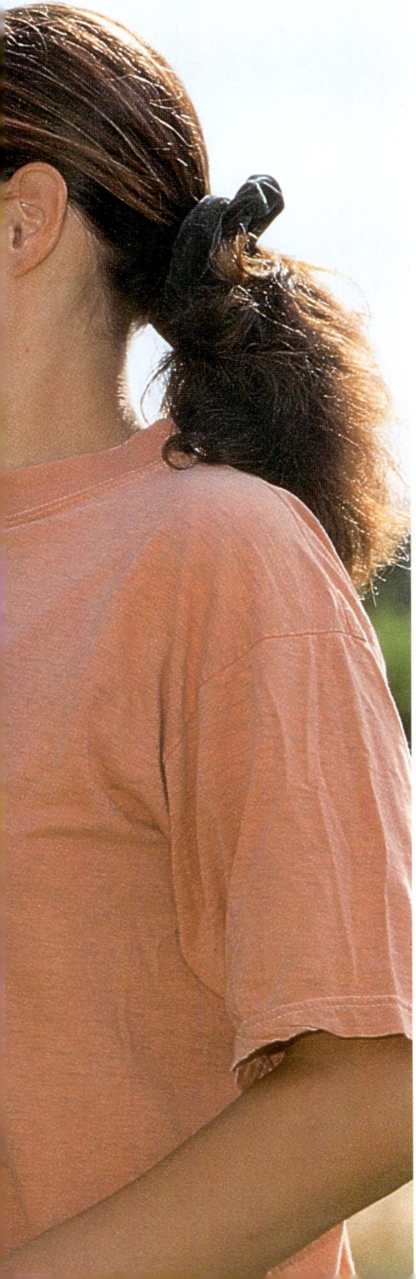

Das Fahrpferd

Für das Fahrpferd gelten hohe Ansprüche: Zu einem korrekten Körperbau gehört ein unproblematischer, arbeitsfreudiger Charakter.
Pferde unterschiedlichster Rassen eignen sich als Fahrpferde. Gerade für den Freizeitfahrer gibt es eine Vielzahl von Pferderassen, die sich als ideale Freizeitpartner anbieten: Immer vorausgesetzt, das Pferd ist gesund und leistungswillig.
Für den Turniersport geeignet sind hingegen nicht alle Rassen: Es bietet sich an, mit den Pferden im Turnier zu starten, die den hohen Anforderungen des Leitstungssports genügen. So wird die Wahl eines Fahrers mit Turnierambitionen sicher eher zu einem deutschen Warmblut hin tendieren als zu einem Pony-Mix.
Unabhängig davon, wie hoch die gesteckten Ziele sind, eine solide Grundausbildung ist die unabdingbare Voraussetzung für ein sicheres Fahrpferd. Ob im Gelände oder auf der Straße, auf der Kaffeefahrt mit der Familie oder auf dem Turnier, auf das Pferd muss sich der Fahrer in jeder Situation verlassen können.

Auswahl und Ausbildung eines Fahrpferdes

Für welche Rasse und welches Pferd man sich entscheidet, hängt sicher zu großen Teilen davon ab, was für Ziele man hat: Einen beachtlichen Anteil der Fahrer bilden die Freizeitfahrer. Sie haben andere Ansprüche an ihr Pferd als der Turnierfahrer. Nicht immer muss es das Pferd mit den spektakulärsten Bewegungen sein, Zuverlässigkeit und Ruhe können eher eine entscheidende Rolle spielen. Der Turnierfahrer hingegen braucht Pferde, die den Turnieranforderungen entsprechen.

Warmblüter sind geeignete Fahrpferde, die man auch im Turniersport findet.

▸ Die Freizeitpferde

Zum Freizeitfahren geeignet sind fast alle Pferderassen: Angefangen vom Shetty über fast alle Ponyrassen, über Voll- und Warmblüter bis hin zum Kaltblutpferd. Kleinere Spazierfahrten können alle diese Pferde leisten, so lange sie gesund und gut erzogen sind.

Pferde, die artgerecht aufgezogen wurden und dann sorgfältig und mit Ruhe eingefahren werden, werden meistens gute Freizeitpartner.

Haflinger werden oft als Freizeitpferde gehalten, aber auch im Sport gefahren

Wichtig ist, dass auch diese Freizeitpferde richtig ausgebildet werden, damit sie beispielsweise im Straßenverkehr sicher sind und nicht zur Gefahr für sich und andere werden. Man muss bei den Freizeitpferden in der Auswahl daher sehr auf Ausgeglichenheit und Nervenstärke achten, da der Freizeitfahrer sich doch verhältnismäßig viel auf öffentlichen Straßen und Wegen bewegt. Wichtig ist es natürlich auch, dass das Pferd im ganzen Verhalten umgänglich ist, dass es sich putzen lässt, sich einschirren lässt und ohne Streit neben anderen Pferden im Geschirr geht.

Freizeitpferde leisten durchaus eine ganze Menge: Viele Freizeitfahrer starten bei Wanderfahrten, Planwagenfahrten oder Orientierungsfahrten. Dafür müssen die Pferde durch ausreichendes Training vorbereitet werden. Nur so können sie lange Wegstrecken ohne Schäden an Körper, Beinen und Sehnen absolvieren. Für diese Leistungen muss ein Pferd wirklich gesund und ohne große körperliche Mängel sein.

▸ Das Pferd zum sportlichen Fahren

An das Sportpferd werden hohe Anforderungen gestellt. Um im Turniersport bestehen zu können, sollte ein Fahrpferd etwa mittelgroß sein. Dazu sollte es muskulös und leistungswillig sein. Das Pferd sollte mit guten Grundgangarten ausgestattet und nicht zu schwer sein, um vor dem Wagen auch wendig genug zu sein. Um leichte, wendige Pferde zu erhalten, werden zur Zucht von Fahrpferden häufig Vollblüter eingesetzt, die die etwas schwereren Warmblüter veredeln. Nicht weniger wichtig sind die inneren Werte, das so genannte Interieur, wie Ausgeglichenheit, Charakter und Nervenstärke.

Natürlich muss ein Pferd, das zum Turniersport eingesetzt wird, mit guten Beinen, Gelenken und Hufen ausgestattet sein. Es werden selten Pferde zum Fahren herangezogen, die durch Exterieurmängel in der Ausbildung auffallen, weil sie beispielsweise ein schweres Genick, keine Ganaschenfreiheit oder zu steile Schultern haben.

Der Warmblut-Hengst Gardekorps vom Haupt- und Landgestüt Marbach ist ein gutes Beispiel für ein ideales Fahrpferd

Auch ein korrektes Fahrpferd, bei dem Interieur und Exterieur stimmen: Der Marbacher Haflinger-Hengst Stegmann

▸ Die Ausbildung des Fahrpferdes

Die Grundausbildung von Reit- und Fahrpferden erfolgt grundsätzlich immer nach dem System der Ausbildungsskala. Die Ausbildungsskala muss von jedem Pferd unabhängig von seinen Verwendungszweck erfüllt werden, um gehorsam, zwanglos und harmonisch auf die Hilfenaufforderungen des Reiters oder Fahrers zu reagieren. Ausbildung bei Pferden heißt aber auf keinen Fall, dass das Pferd »abgerichtet« wird, sondern es wird systematisch in körperlicher und psychischer Hinsicht gymnastiziert.

Der Ausbildungsweg eines jeden Pferdes vollzieht sich in drei Phasen: Zunächst beginnt es mit der Gewöhnungsphase, lernt dann, seine Schubkraft zu entwickeln, um dann zur Entwicklung der Tragkraft zu kommen. Die Übergänge zwischen diesen Phasen sind fließend.

Die drei Phasen der Ausbildung

- 1. Gewöhnungsphase
- 2. Entwicklung der Schubkraft
- 3. Entwicklung der Tragkraft

Bodenarbeit ist eine gute Möglichkeit, Vertrauen zwischen Pferd und Ausbilder zu schaffen

Die Skala der Ausbildung

- 1. Takt
- 2. Losgelassenheit
- 3. Anlehnung
- 4. Schwung
- 5. Geraderichten
- 6. Versammlung

= Durchlässigkeit

Bestandteil dieser Phasen ist die Skala der Ausbildung. Sie besteht aus sechs Schritten, deren Ziel die Durchlässigkeit ist. Zwischen diesen Schritten sind die Übergänge ebenfalls fließend.

Dieses System ist auch die Grundlage für den systematischen Aufbau einer jeden Trainingseinheit von bereits ausgebildeten Pferden.

Die einfache Longe

Durch die einfache Longe wollen wir das junge Pferd an das Gebiss und an den Gurtdruck gewöhnen. Durch das Longieren soll erreicht werden, dass das Pferd sich dem menschlichen Willen freiwillig unterordnet. Wir dürfen dem Pferd nie unseren Willen aufzwingen. Dafür ist die Stimme von großer Wichtigkeit. Schließlich soll die Ausbildung des jungen Pferdes der Grundstein zu einem harmonischen Miteinander sein.

Der Longierplatz ist gewöhnlich in der Halle, aber bei jungen Pferden kann es hilfreich sein, dafür die Ecken abzugrenzen, damit das Pferd in dem runden Longierzirkel die Anlehnung findet. Ideal ist natürlich eine Longierhalle.

Junge Pferde werden an der einfachen Longe mit einer normalen Trense oder einem Kappzaum longiert, nicht mit einem Fahrzaum. Bandagen und Streichkappen sind Ausrüstungsgegenstände, die grundsätzlich dazugehören. Wenn das Pferd das Prinzip des Longierens verstanden hat, können nach dem Aufwärmen die Ausbinder eingeschnallt werden. Beim jungen Pferd werden sie anfangs gleich lang geschnallt, das Pferd sollte immer eine Handbreit vor der Senkrechten stehen.

Die Grundausbildung an der einfachen Longe ist abgeschlossen, wenn das Pferd auf Kommando in allen drei Grundgangarten ruhig und gelassen läuft.

Zur Grundausbildung eines jeden Fahrpferdes gehört die Arbeit an der Longe

Die Doppellonge

Um die Pferde auf das Fahren vorzubereiten, ist die Doppellonge ideal. Zuvor muss das Pferd an der einfachen Longe ausgebildet worden sein. Die Doppellonge ist sehr gut geeignet, das Pferd an Geschirr, Stränge, Kammdeckel und Schweifriemen zu gewöhnen. Zu Anfang braucht man nur das Geschirr, das kann ein Kumt oder Brustblatt sein. Man arbeitet ohne die Stränge jedoch mit Kammdeckel und Schweifriemen. Auch an der Doppellonge müssen natürlich die Beine des Pferdes mit Gamaschen oder Bandagen geschützt werden.

Durch die Doppellonge wird dem Pferd im weitesten Sinn das Gespür für die Leinenhilfen gegeben und es kann sich an die Stränge gewöhnen. Die Doppellonge wird von hinten durch die jeweils an der Strangschnalle befestigten Ringe durchgeführt und läuft von hier weiter zum Trensengebiss. Beide Seiten der Longierleine sind gleich lang.

Bei der beginnenden Arbeit an der Doppellonge ist ein Helfer von Nutzen, gerade weil die Doppellonge zu Beginn

Das richtig ausgebundene Pferd lernt in korrekter Haltung zu gehen

manche Pferde sehr erschreckt. Die äußere Longe, die oberhalb des Sprunggelenks verläuft, kann das unerfahrene Pferd leicht erschrecken. Es ist gut, wenn sich das Pferd in der Halle an die Berührung gewöhnt, damit es nicht nachher am Wagen ausschlägt.

Anfangs wird immer mit der Trense longiert, doch nach einer gewissen Zeit kann der Fahrzaum aufgelegt werden.

Wenn das Pferd die Doppellonge an den Beinen gewöhnt ist, auf die Stimme reagiert und auf die Peitsche achtet, kann man die Stränge an das Geschirr mit einschnallen, um dann später die Schleppe anzuhängen.

An der Doppellonge gewöhnt sich der junge Araber an die Berührung an der Hinterhand

Am besten eignen sich längliche Stangen, auf denen man stehen kann. Gegenstände, wie z.B. ein Autoreifen, sind ungeeignet. Die Stränge müssen so lang geschnallt sein, dass der Zug nicht unterbrochen ist, damit keine Druckstellen unter dem Kammdeckel entstehen.

Die Zeit der Schleppe ist sehr wichtig für das Einfahren des Pferdes. Je länger wir schleppen, um so sicherer wird das Pferd: Es lernt den Druck von Geschirr und die Berührung mit den Strängen kennen.

Das Einfahren des Fahrpferdes

Wenn das junge Pferd sicher an der Schleppe geht, können wir versuchen das junge Pferd einzuspannen. Wir brauchen hierfür einen guten Lehrmeister: ein erfahrenes Pferd, das verkehrssicher, gehorsam und zugwillig ist und sich gegenüber dem Neuling durchsetzen kann. Das Jungpferd wird, bevor wir einspannen, ordentlich bewegt. Es wird longiert oder laufen gelassen, damit es sich erstmal austoben kann.

Danach beginnt das Aufschirren in gewohnter Weise. Der Lehrmeister ist bereits schon aufgeschirrt und beide Pferde werden zusammen zum Wagen gebracht. Der steht möglichst schon so, dass man gerade anfahren kann.

Auf welche Seite spanne ich den Neuling ein? Traditionell wird das unerfahrene Pferd rechts eingespannt. Dies ist sicherer, da es den Verkehr auf der rechten Seite nicht so stark mitbekommt. Andererseits ist es auch keine Lösung, in der Halle einzuspannen und einzufahren, um dem Straßenverkehr auszuweichen. In der engen Halle sind dauernd Ecken, die Deichsel könnte ständig ungewollt an die Beine des Pferdes

Moderne Gamaschen sind mit praktischen Klettverschlüssen versehen

schlagen. Die Erfahrung hat gezeigt, dass es am besten ist, viel geradeaus zu fahren.

Erschrickt das junge Pferd und es fängt an auszuschlagen, so macht es keinen Unterschied, ob es rechts oder links eingespannt ist. Im schlimmsten Fall schlägt es mit den Hufen bis hinauf gegen das Spritzbrett. Der Fahrer ist in solchen Fällen etwas geschützter, wenn der Neuling links eingespannt ist.

Um unser Lehrpferd nicht unnötig im Maul zu stören, ist es ratsam, zusätzlich dem Neuling eine Doppellonge mit einzuschnallen, um ihn besser unter Kontrolle zu haben. Die Doppellonge wird von einer Hilfskraft geführt. Zusätzlich wird der Youngster zu Beginn vom Boden aus geführt.

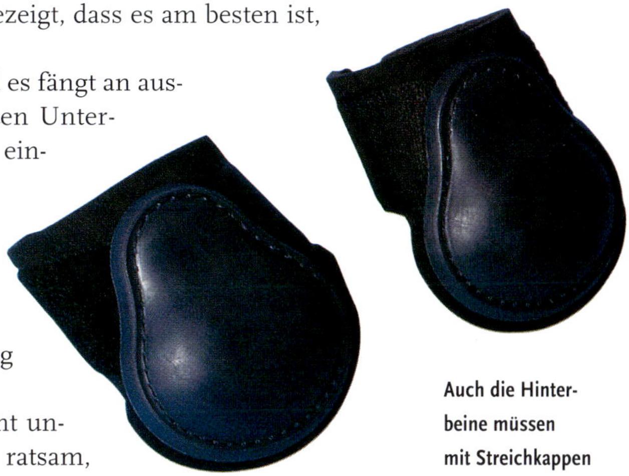

Auch die Hinterbeine müssen mit Streichkappen geschützt werden

Gamaschen sind ein guter Schutz für Pferdebeine

Zum Aufzäumen steht man links

Der rechte Arm hält das Pferd

Das erste Einspannen

Das Einfahren von Pferden geschieht immer mit halbfester Anspannung, nie mit einer losen Anspannung. Als erstes wird das ältere Pferd fertig eingespannt. Dies entspricht zwar nicht dem Achenbachschen Fahrsystem, dient aber der Sicherheit. Wichtig ist, dass alle Schritte in Ruhe geschehen.

Danach wird der Neuling an den Wagen geführt. Sollte sich der Neuling etwas querstellen, lässt man den Wagen nachlaufen. Die Leinen werden zügig zusammengeschnallt, das Handstück wird nicht vom einen zum anderen geworfen, sondern vorsichtig darübergelegt. Die Aufhalter werden eingeschnallt und sofort versteckt, die Stränge werden so eingeschnallt, dass man möglichst nicht ungewollt an die Beine des Pferdes kommt und es unnötig aufregt.

Beim Anfahren setzt sich der Lehrmeister in gewohnter Weise auf Kommando in Bewegung. Da der Neuling ja nicht weiß,

Schritt für Schritt wird vorsichtig der Fahrzaum aufgelegt

was jetzt passiert, könnte es vorkommen, dass er nach hinten fällt und beim Anziehen des Lehrmeisters nicht mitläuft. Er schlägt dabei vielleicht mit den Beinen an die Ortscheite und bekommt Angst. Eventuell schlägt er sogar aus oder springt mit einem Satz nach vorne. Solche Schreckreaktionen sind möglichst zu vermeiden, indem besonders vorsichtig angefahren wird.

Wenn alles gut geklappt hat, kann man mit dem jungen Pferd ein wenig fahren. Aber arbeiten Sie nicht zu lange mit dem ungeübten Fahrpferd, 15 bis 20 Minuten sollten genügen. Sparen Sie nicht mit Lob, damit der Neuling weiß, dass ihm bei der neuen Aufgabe nichts passiert. Das Fahren wird nun jeden Tag wiederholt. Jeder Tag festigt den Neuling im Fahren und bei guter Vorbereitung wird es ihm auch Spaß machen. Man denke nach einiger Zeit auch an ein Umspannen, um eine Einseitigkeit zu vermeiden. Um dem jungen Pferd etwas Abwechslung zu bieten, lassen Sie es zwischendurch frei laufen.

Wissens-Check

Nach welchem Schema wird generell ein Pferd ausgebildet?

Jedes Pferd wird nach der Ausbildungsskala ausgebildet.

Was versteht man unter einer Ausbildung?

Ausbildung heißt, das Pferd wird nicht abgerichtet oder dressiert, sondern systematisch in körperlicher, geistiger und psychischer Hinsicht gymnastiziert.

Wie heißen die Ausbildungswege?

Die Ausbildungswege heißen Gewöhnungsphase, Entwicklung der Schubkraft und Entwicklung der Tragkraft.

Wie heißen die Abschnitte der Ausbildungsskala?

Takt, Losgelassenheit, Anlehnung, Schwung, Geraderichten und Versammlung.

Gewöhnung an die Longe ohne störende Gebißeinwirkung

Das junge Pferd wird am besten mit einem erfahrenen Lehrmeister eingespannt

Was ist das Ziel der Ausbildung?

Die Durchlässigkeit.

Wie erkenne ich die Losgelassenheit?

Losgelassenheit erkenne ich am Abschnauben des Pferdes. Die Muskeln weisen dann keinerlei Verspannung auf. Das psychische Gleichgewicht ist hergestellt.

Gut ausgebildete Fahrpferde sind im Gelände sicher und zuverlässig

Was passiert beim Geraderichten?

Beim Geraderichten werden Hinterhand und Vorhand aufeinander eingerichtet, das heißt, die Hinterhand fußt in die Vorhand (Hufschlag deckend). Die Vorhand wird auf die Hinterhand eingerichtet.

Was versteht man unter Biegung?

Biegung ist, wenn das Pferd in seiner gesamten Längsachse um den inneren Schenkel gebogen ist. Der Hufschlag ist deckend. Das heißt, auch auf gebogenen Hufschlaglinien ist das Pferd in sich gerade gerichtet.

Was versteht man unter dem Begriff Stellung?

Stellung ist, wenn das Pferd mit Kopf und Hals so gestellt ist, dass man beim Reiten das jeweilige Auge und den Nüsternrand auf der jeweiligen Innenseite schimmern sieht.

Was bedeutet verworfen im Genick?

Wenn ein Pferd im Genick verworfen ist, bleibt der Hals gerade und der Kopf ist im Genick nach links oder rechts verkantet.

Welche Longenart wird zum Gewöhnen der Pferde an das Fahren verwendet?

Die Doppellonge ist zum Einfahren gut geeignet, weil dadurch immer die äußere Longe an den Beinen anliegt, wie nachher die Stränge.

Was sind wichtige Punkte beim Einfahren?

Wichtige Punkte beim Einfahren sind: Eine gute Fachkenntnis, gute Hilfskräfte, gutes Geschirr, ein verkehrssicherer Wagen, ein gut gefahrenes Pferd als Lehrmeister und vor allem viel Ruhe.

Araber sind gute Fahrpferde, die in der Freizeit und im Turniersport eingesetzt werden können

Vor der Fahrt

Anspannen und Losfahren? Weit gefehlt! Vor der Ausfahrt muss noch einiges beachtet werden: Zunächst muss der Wagen auf seine Verkehrssicherheit geprüft werden. Sind die Bremsen funktionstüchtig? Sind alle lichttechnischen Einrichtungen vorhanden? Erst wenn alles geprüft ist, kann der Wagen bereitgestellt und die Pferde können vorbereitet werden.

Gleich, ob es sich um eine Familienfahrt oder eine Gala-Show handelt, die Pferde müssen zunächst gründlich geputzt werden. Natürlich soll ein Fahrpferd immer sauber und ordentlich aussehen, aber es darf auch kein Schmutz im Fell haften, der unter dem Geschirr scheuern könnte.

Das Aufschirren selbst geschieht dann in der vorgesehenen Reihenfolge. Anschließend kann der Fahrzaum angelegt und die Leinen eingezogen werden. Danach werden die Pferde an den bereitgestellten Wagen herangeführt und angespannt. Nun kann der Fahrer die Leinen aufnehmen, abmessen, auf den Bock steigen und sich setzen. Mit der richtigen Leinenhaltung kann nun die Fahrt beginnen.

Der verkehrssichere Wagen

▶ Bau und Ausrüstung von Kutschen

Laut Straßenverkehrszulassungsordnung (StVzo) müssen alle Fahrzeuge so gebaut und ausgerüstet sein, dass ihr verkehrsüblicher Betrieb niemanden schädigt oder mehr als unvermeidbar gefährdet, behindert oder belästigt wird. Die Insassen müssen insbesondere bei Unfällen vor Verletzungen geschützt werden, damit das Ausmaß und die Folgen von Verletzungen möglichst gering bleiben (§ 30 = StVzo).

Der Aufstieg muss sicher sein

Aufstieg über die linke Radnabe

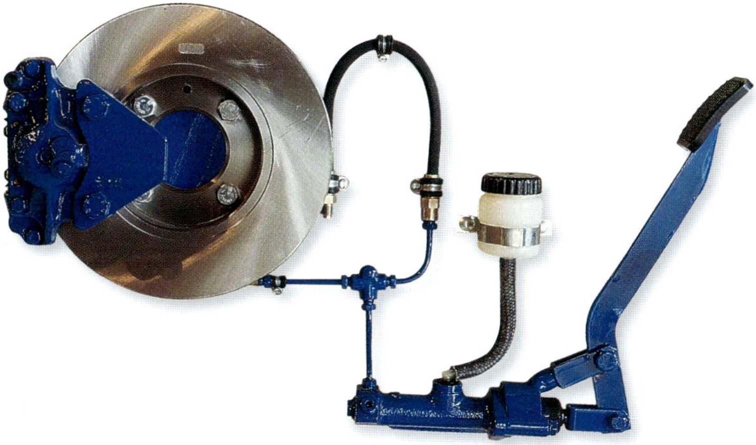

Eine moderne technische Bremsanlage

Für Kutschen bedeutet das: Fahrer, Beifahrer und Mitfahrer müssen sichere Sitze mit Rückenlehnen haben.

Zum Aufsteigen ist es nur dem Fahrer und dem Beifahrer erlaubt, die linke Radnabe zu benützten. Diese sollte dann aber stark gerippt sein, um ein Abrutschen zu verhindern. Solche Art des Aufstiegs ist bei gewerblicher Personenförderung grundsätzlich nicht erlaubt.

Die richtige Fußstellung auf dem Bock

Die Deichsel kann aus Stahl, Eschen- oder Birkenholz gefertigt sein. Die Höhe der Deichsel soll so hoch sein, dass sie der Höhe des Oberarms des Pferdes entspricht.

Ein besonderes Augenmerk gilt den Bremsen: Alle pferdebespannten Fahrzeuge müssen mit einer Betriebsbremse und mit einer feststellbaren Bremse ausgerüstet sein. Die Bremsen müssen unabhängig voneinander wirken.

Bei neuen Kutschen sind bereits alle vorgeschriebenen Lampen und Reflektoren vorhanden

Lichttechnische Einrichtungen nach § 66a StVZO

Die lichttechnischen Einrichtungen sollen an allen Kutschen einheitlich angebracht werden, Rück- und Seitenstrahler sind fest angebracht und müssen bei Tag und Nacht am Wagen vorhanden sein. Die roten Rückstrahler sind paarweise angebracht: Maximal 900 mm über Grund und maximal 400 mm vom breitesten

Fahrzeugumriss entfernt. Die Seitenstrahler sind gelb und sollen an jeder Fahrzeugseite 600 mm über Grund angebracht sein. Planwagen haben zwei Seitenstrahler.

Die neuesten Erkenntnisse zeigen, dass es empfehlenswert ist, vorne an der Deichselspitze einen runden weißen Rückstrahler anzubringen.

Bei Dunkelheit oder wenn die Sicht es erfordert, müssen ein paar weiße, nach vorne blendfreie Leuchten am Wagen angebracht werden. Diese sind 1.500 mm über Grund und maximal 400 mm vom breitesten Fahrzeugumriss anzubringen. Hinten müssen rot wirkende blendfreie Leuchten in derselben Höhe und Breite wie die weißen angebracht werden.

Bei Planwagen ist die gesamte lichttechnische Einrichtung dauernd und fest angebracht. Die Fahrtrichtungsänderungen müssen mit automatischer Blinkgebung angezeigt werden.

Tipp zur Verkehrssicherheit

Die Richtlinien für den Bau und Betrieb Pferdebespannter Fahrzeuge von der Dekra, der FN oder dem Verband der Technischen Überwachungsvereine (VdTÜV) sind empfehlenswert.

Bevor man sich mit seinem Gespann auf die Straße begibt, muss man sicher sein, dass es verkehrstüchtig ist

▸ Bereitstellung des Wagens zum Fahren

Bevor wir uns mit dem Pferd befassen, müssen wir uns um den Wagen kümmern, der bislang ordentlich vom Vortag in der Scheune steht. Jeder Fahrer, der heute am öffentlichen Straßenverkehr teilnimmt, muss über sein Fahrzeug Bescheid wissen. Größere Reparaturen an Bremsen oder an anderen Dingen am Wagen müssen vor dem Einspannen erledigt werden. Es gilt deshalb derselbe Grundsatz wie bei Kraftfahrzeugen: Vor Antritt einer Fahrt muss das Fahrzeug auf Verkehrs- und Betriebssicherheit überprüft werden.

Die Peitsche wird in dem dafür vorgesehenen Köcher bereitgestellt

Erst dann bringen wir den Wagen an den Ort, an dem wir später einspannen. Sofort wird die feststellbare Bremse angezogen. Dies kann eine mechanische oder eine hydraulische Bremse sein. Die Deichsel wird in den Deichselschuh gesteckt, sofern es sich nicht um einen Marathonwagen handelt, bei dem die Deichsel in der Regel immer fest am Wagen befestigt ist. Nicht vergessen dürfen wir, das wir die Deichsel sichern müssen. Dies geschieht mit dem so genannten Deichselnagel. Die beste Sicherung für die Deichsel ist eine Splindsicherung. Die Peitsche ist auf dem Wagen deponiert, und zwar auf der Fahrerseite im Köcher.

An der Deichselbrille sind beide Aufhalter richtig eingeschnallt. Sie werden von vorne nach hinten jeweils durch die Deichselbrille gezogen. Danach werden die Aufhalter durch die Schlaufen, die unter den Aufhalterschnallen sind, gezogen. Das Ende der Aufhalter wird nun von oben nach unten versteckt. Ist der Wagen überprüft, sind alle technischen Arbeiten erledigt, die Bremsen nachgeschaut, die Rückstrahler und die Seitenstrahler vorhanden, die Peitsche bereitgestellt, begeben wir uns nun zu den Pferden.

Richtig abgelegte Aufhalter vor und nach dem Fahren

Pferdepflege

Vor einer Ausfahrt, sei es mit Fahrschülern oder ganz privat mit der Familie, werden die Pferde ordentlich und sauber zum Aufschirren hergerichtet.

Bei diesem alltäglichen Umgang mit dem Pferd zeigt sich bereits, ob das Pferd ruhig und ausgeglichen ist. Natürlich muss auch das Putzen selbst ohne Hektik durchgeführt werden. Schließlich soll das Putzen für das Pferd angenehm sein.

Das Pferd wird mit Striegel und Kardätsche von vorne nach hinten in langen Zügen geputzt. Alle Körperteile, die gut bemuskelt sind, werden kräftig mit einem Striegel gebürstet. Die Beine werden mit einer Wurzelbürste gereinigt und der Kopf wird mit einer weicheren Bürste geputzt. Die Mähne wird vorsichtig

Vor der Fahrt wird das Pferd ordentlich geputzt

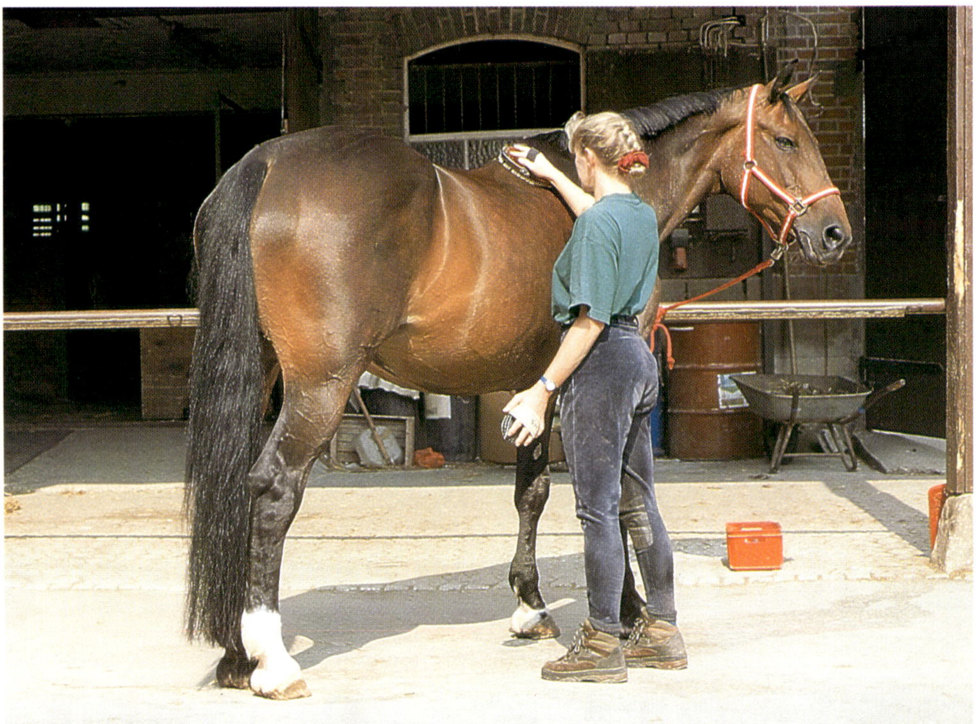

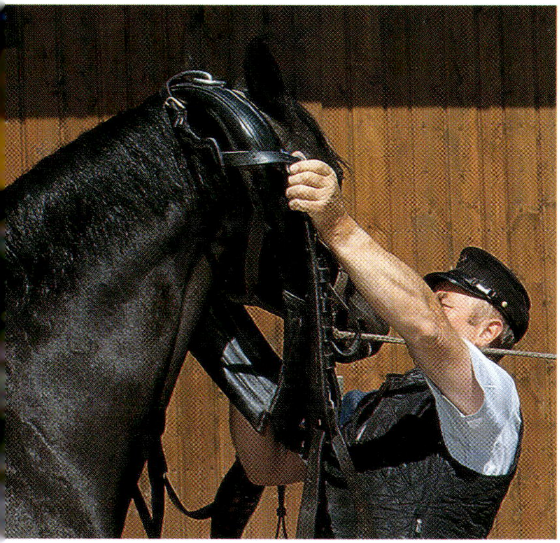

Das Aufschirren beginnt …

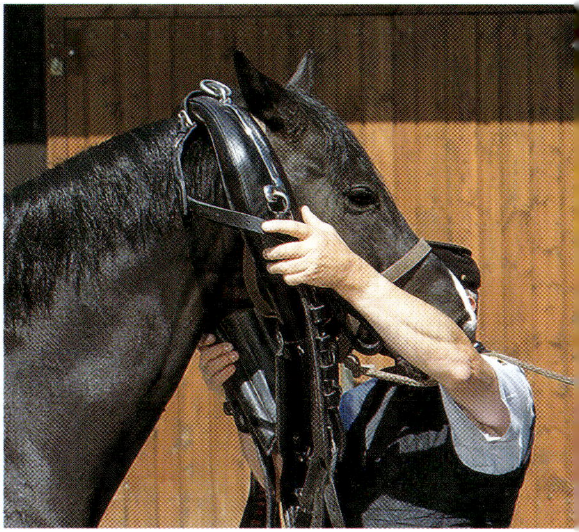

… mit dem Auflegen des Kumt

gekämmt oder gebürstet, der Schweif wird von Hand verlesen. Dafür wird der Schweif mit einer Hand festgehalten und mit der anderen werden die einzelnen Haare vorsichtig herausgezogen. Das so genannte Verlesen hat den Vorteil, dass man dabei keine Haare ausreißt. Kopf und Gesicht werden anschließend mit einem Lappen abgerieben. Die Hufe werden mit dem Hufkratzer ausgeräumt und gegebenenfalls mit guter Hufsalbe versorgt. Das Fetten der Hufe geschieht besser nach dem Fahren.

Ist nun diese Pflegearbeit vorbei, werden die Geschirre aus der Geschirrkammer geholt, und es wird aufgeschirrt oder wir hängen alles noch bis zum Fahren auf die Träger.

▸ Das Aufschirren

Gut erzogene und erfahrene Pferde lassen sich ohne fremde Hilfe aufschirren. Bei jungen Pferden ist es dagegen ratsam, mit einem Helfer aufzuschirren. Das praktische Aufschirren wird folgendermaßen praktiziert:

Man schaut, zu welcher Seite die Mähne fällt und nimmt, wenn Kumt oder Brustblatt zusammenhängend sind, den Kammdeckel auf den jeweiligen Unterarm: Ist die Mähne auf der rechten Seite, nehmen wir den Kammdeckel auf den rechten Unterarm, ist sie links, dann auf den linken Unterarm. Dann ergreift man mit beiden Händen das Kumt, wobei eine Hand den Sprungriemen zur Seite nimmt (entfällt beim Brustblatt). Nun wird das Kumt hochgehoben, so dass die Spitze nach unten zeigt, und dem Pferd vorsichtig vor den Kopf gehalten. Das Pferd schlüpft nun möglichst von selbst hinein oder ich schiebe es mit der breitesten Stelle über den Kopf. Dabei sollte dem Pferd nicht mit dem Kumt gegen den Kopf geschlagen werden. Das Kumt oder das Brustblatt wird mit der Mähne an der dünnsten Stelle des Halses (nach dem Genick) gedreht.

Der Kammdeckel wird auf den Rücken gelegt und gleich etwas nach hinten geschoben. Anschließend wird der Schweifriemen angelegt: Dabei trete ich neben die Hinterhand, lege die Langhaare am Ende der Schweifrübe um und schiebe mit der anderen freien Hand die Schweifmetze bis unter den Schweifansatz. Achten Sie darauf, dass kein Langhaar eingeklemmt wird und stellen Sie sich niemals direkt hinter das Pferd, es könnte ausschlagen.

So wird der Schweif richtig in die Schweifmetze eingelegt

Einlegen des Sprungriemens an den großen Bauchgurt

Der Kammdeckel wird auf seinen richtigen Platz geschoben, die eine freie Hand erfasst sofort den Sprungriemen und schiebt ihn über den großen Bauchgurt (entfällt beim Brustblatt), der dann anschließend leicht angezogen wird. Dabei wird das Ende der Strippe nicht versteckt. Nun wird der kleine Bauchgurt so geschlossen, dass zwischen Bauchunterseite und kleinem Bauchgurt eine senkrechte Hand Platz hat, die Strippe wird versteckt.

Sollten Kumt bzw. Brustblatt nicht zusammenhängend sein, bleibt die Art des Aufschirrens die gleiche. Da die Geschirrteile getrennt sind, wird also erst das Kumt bzw. das Brustblatt aufgelegt, danach der Kammdeckel und zum Schluss der Fahrzaum und die Leine.

Rechts oder links?

Man merke sich: Alle Verschnallteile bei Kumt oder Brustblatt werden immer auf der jeweiligen Außenseite des Pferdes auf- und zugeschnallt, auch beim Kopfgestell (Fahrzaum). Daran erkenne ich auch, ob es sich dabei um ein linkes oder rechtes Geschirr handelt.

Mit der rechten Hand wird der Fahrzaum gehalten, die linke schiebt das Gebiss in das Maul

▸ Auflegen des Fahrzaums

Bevor wir den Fahrzaum auflegen, ordnen wir den Schopf des Pferdes. Nun ergreifen wir mit der rechten Hand den Fahrzaum und stellen uns links neben Hals und Kopf. Das Gebiss liegt auf der linken Hand, während die rechte den Fahrzaum in die Höhe hebt, schiebt die linke Hand das Gebiss in das Maul des Pferdes. Bei Pferden, die ungern das Maul öffnen, kann der linke Daumen helfen, indem er auf die untere Lade drückt.

Wir schieben den Fahrzaum zuerst vorsichtig über das rechte Ohr und dann über das linke Ohr. Das Genickstück soll sauber hinter den beiden Ohren sitzen. Danach schließen wir den Kehlriemen auf der jeweiligen äußeren Seite, so dass die Kehlriemenschnalle auf gleicher Höhe mit der Backenstückschnalle sitzt. Anschließend wird der Nasenriemen geschlossen: Die Strippe zeigt jetzt nach innen und die drei Durchlässe liegen ebenfalls auf der Innenseite.

Der Kehlriemen wird auf der Außenseite geschlossen

Als letztes wird die Kinnkette eingehängt, indem man sie solange nach rechts dreht, bis sie glatt ist. Dabei sollte der Scherriemenring nach unten zeigen. Die Kinnkettenhaken müssen am Gebiss so angebracht sein, dass sie nach außen geöffnet sind, um Verletzungen der Lefzen zu verhindern.

▶ Auflegen der Leine

Die bislang aufgerollten Stränge werden abgerollt und zwischen den Schweifriemen gelegt, die vorhandene Schiebeschlaufe wird zu den Strängen geschoben, um sie vor dem Herabfallen zu sichern.

Das Aufschirren beenden wir mit dem Auflegen bzw. Einziehen der Leine. Die Leine wird in eine linke und rechte Leine unterschieden. An der rechten Leine ist am Ende eine Strippe und an der linken eine Schnalle.

Grundsatz

Die durchgehende Leine ist immer auf der jeweiligen Außenseite des Pferdes.

Zum Einziehen liegt die Leine auf dem Unterarm, eine Hand zieht die Außenleine durch das feststehende Leinenauge am Kammdeckel von hinten nach vorne und weiter durch die beweglichen Leinenaugen am Kumtbügel zum Gebiss. Die verschnallbare Innenleine führt ebenfalls durch das Leinenauge am Kammdeckel und weiter zu den beweglichen Leinenaugen am Kumtbügel.

Das Einschnallen der Leinen am Gebiss bzw. das Befestigen der Innenleine

Zuerst werden die Leinen beim linken Pferd eingeschnallt. Die Einschnallstrippe der Innenleine wird von hinten nach vorne durch den Kehlriemen gelegt und von unten nach oben durch die Schlaufen geschoben.

Anschließend wird die durchgehende Außenleine eingeschnallt. Beim rechten Pferd, das wir in der Regel links führen,

Richtig zwischen dem Schweifriemen abgelegte Stränge, die durch eine Schiebeschlaufe (①) gesichert sind.

Dieses linke Pferd ist korrekt zum Fahren vorbereitet

wird nun die Innenleine provisorisch ins Gebiss geschnallt. Dabei braucht die Strippe nicht versteckt zu werden. Die durchgehende Außenleine wird fahrfertig ins Gebiss geschnallt. Die Leinenenden bzw. die Handstücke werden auf der jeweiligen Außenseite des Pferdes im feststehenden Leinenauge am Kammdeckel so befestigt, dass sie auf Zug sich sofort öffnen lassen.

Eine kurze Kontrolle der Beschirrung wird durchgeführt, bevor wir vom Stall zum Wagen gehen. Der Kehlriemen wird im Gegensatz zum Reiten enger geschnallt, weil die Gefahr des Abstreifens vom Fahrzaum an der Deichsel bzw. anderen Gegenständen größer ist als beim Reiten. Wenn das Pferd in der Anlehnung geht, sollte der Kehlriemen anliegen. Der Nasenriemen wird so geschnallt, dass bei angenommener Leine die Kinnkette ihre Wirkung entfaltet. Dieses bedeutet, dass wir nicht mit dem Nasenriemen fahren, sondern mit dem Gebiss. Die Kinnkette wird so eingehängt, dass die Anzüge zur Maulspalte bei angenommener Leine einen Winkel von circa 45 Grad haben.

Schritt für Schritt wird die Leine gesichert

Sie wird festgezogen, ...

Das Anspannen

Nach nochmaliger sorgfältiger Überprüfung der Pferde werden sie zum bereitgestellten Wagen geführt. Die Pferde werden von hinten an die Deichsel herangeführt, so dass sie die Ortsscheite nicht berühren. Als erstes werden die inneren Leinen vom rechten zum linken Pferd und umgekehrt in die Gebisse geschnallt. Dabei muss man berücksichtigen, dass die Leine des Pferdes, das den Kopf höher trägt als das andere, über die Leine des anderen geht. So ist gewährleistet, dass kein Pferd das andere während des Fahrens durch irgendeine Art des Kopfbewegens stört.

Als nächstes werden die beiden Aufhalter so lang eingeschnallt, dass sie keine feste Verbindung zu den Pferden haben. Ein Beifahrer hält nun beide Pferde fest, und zwar nicht an der Innenseite der Backenstücke, sondern an den beiden Innenleinen. Werden die Pferde an den Backenstücken festgehalten und sie steigen oder treten aus irgendeinem Grund ruckartig zurück, dann kann es passieren, dass die Fahrzäume heruntergerissen werden.

Vom rechten Pferd wird nun die rechte Leine gelöst und unter dem Zuruf »Achtung Leine« zum linken Pferd über den Rücken geworfen. Die linke Leine wird nun ebenfalls gelöst und die Leinen werden ausgedreht zusammengeschnallt und von hinten nach vorne unter die Oberblattstrippe geschoben. Der Fahrer

... damit sie nicht beim Gang zum Wagen auf den Boden fällt

begibt sich jetzt zum linken Pferd und beginnt die Stränge zwischen dem Schweifriemen herauszunehmen. Die Stränge werden zu dem Ortscheit geführt. Erst wird der Außenstrang verschnallt, dann der Innenstrang, damit das Pferd keine Möglichkeit mehr hat zur Seite wegzutreten. Das gleiche passiert rechts.

Zum Befestigen des Innenstranges muss der Fahrer sich über den Außenstrang bücken. Hat man allerdings unerfahrene Pferde oder solche, die an den Beinen oder der Deichsel noch etwas kitzlig sind, so wird es besser sein, zuerst den Innenstrang und dann den Außenstrang zu befestigen. Es sollte darauf geachtet werden, dass das Pferd hierbei nicht zur Seite wegtreten kann. Die Stranglänge richtet sich nach der Größe der Pferde und der Länge der Deichsel. Auf alle Fälle muss so eingespannt sein, dass die Nase der Pferde, wenn sie beigezäumt sind, mit der Deichselbrille abschneidet. Als letztes werden nun die Aufhalter so geschnallt, dass sie leicht durchhängen, wenn die Pferde in den Strängen stehen. Die Strippen werden versteckt.

Kontrollblick

Bevor Sie die Leinen aufnehmen, überberprüfen Sie noch einmal das gesamte Gespann.

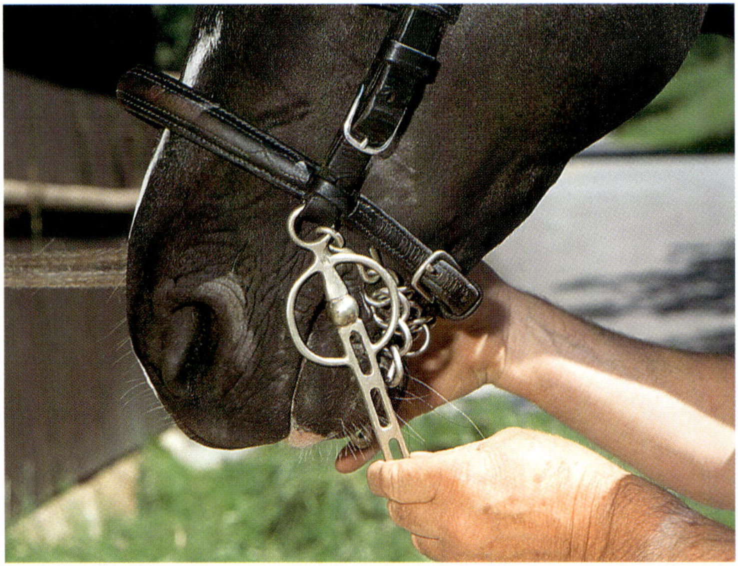

Maulspalte und Anzüge müssen im richtigen Winkel zu einander stehen

▸ Das Abspannen

Nach erfolgreicher Fahrt wird an geeigneter Stelle gehalten. Der Beifahrer steigt ab und hält beide Pferde fest. Der Fahrer schließt die Bremse, gibt die Peitsche aus der Hand, verkürzt die Leinen und legt das Leinenende über den linken Unterarm. Dann erst erhebt er sich vom Bock und steigt rückwärts vom Wagen. Als nächstes werden die Leinen wieder von hinten nach vorne unter die Oberblattstrippe gelegt und die Aufhalter länger geschnallt.

Am rechten Pferd werden nun die Stränge in umgekehrter Reihenfolge gelöst (siehe Anspannen) und zwischen den Schweifriemen gelegt. Die Aufhalter werden nun ganz ausgeschnallt. Als letztes werden die Leinen am Handstück auseinander geschnallt und unter der Oberblattstrippe hervorgenommen. Mit dem Zuruf »Achtung Leine« wirft der Fahrer die rechte Leine zum rechten Pferd, befestigt die linke und die rechte Leine.

Die Innenleinen werden von den Gebissen gelöst und wie vor dem Ausspannen beim rechten Pferd zum Führen ins Gebiss geschnallt. Beim linken Pferd werden sie von vorne nach hinten mit der Strippe durch den Kehlriemen geschoben und von unten in die Schlaufen gesteckt. Die Pferde werden nach vorne seitwärts vom Wagen weggeführt.

Die richtige Reihenfolge

- Anspannen:
  Leine, Aufhalter und Stränge
- Ausspannen:
  Stränge, Aufhalter und Leinen

Das Aufnehmen und Abmessen der Leinen

Das Auf- und Abmessen der Leinen geschieht am Boden bei korrekt abgestelltem Gespann. Zuvor läuft der Fahrer um sein Gespann herum, versteckt Strippen oder zieht nötigenfalls den großen Bauchgurt nach. Er schaut generell nach allen Schnallen und Strippen, und prüft Wagen und Pferde. Wichtig ist, dass die Deichsel gesichert ist. Dann begibt er sich zum linken Pferd.

Neben dem linken Pferd stehend nimmt der Fahrer die Leinen auf, damit er jederzeit und immer korrekt mit seinem Gespann geradeaus anfahren kann. Hierzu muss er die Leinen richtig in der Hand halten und die Verbindung zum Pferdemaul herstellen.

Diese modernen Geschirre im Englischen Stil können auf dem Turnier gefahren werden

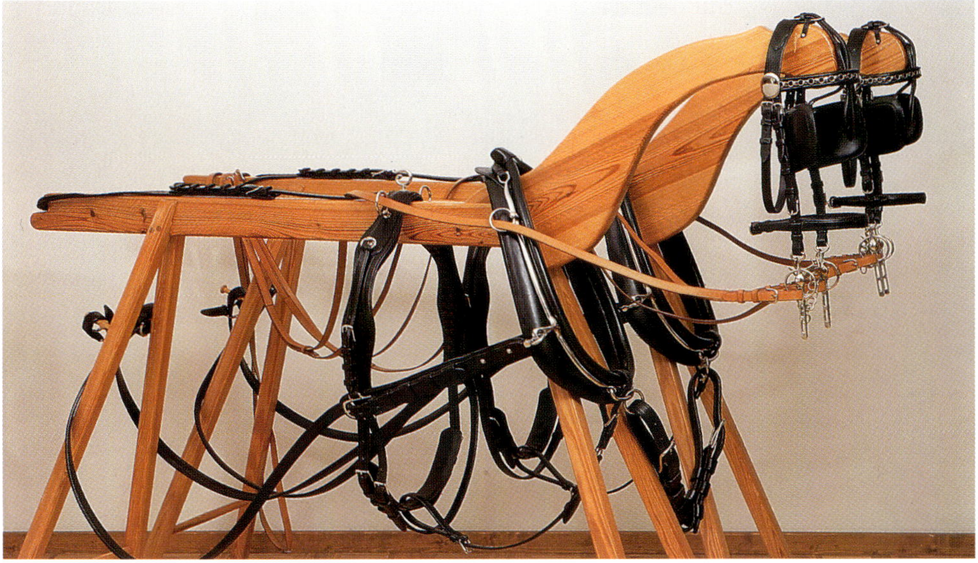

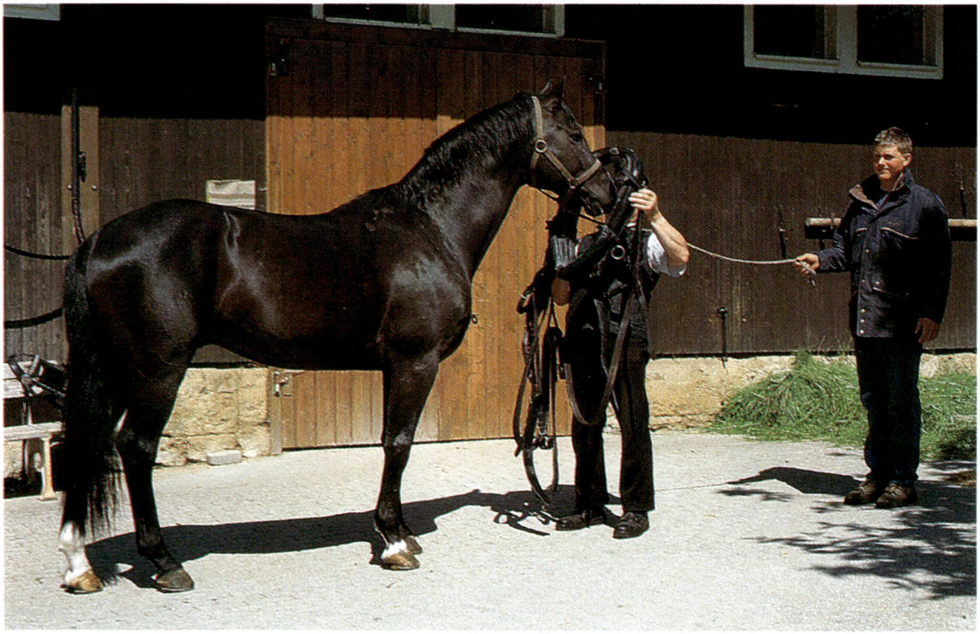

Wenn keine Stallungen vorhanden sind, müssen sich die Pferde auch draußen aufschirren lassen

Der Fahrer stellt sich neben dem linken Pferd in Grundstellung auf. Grundstellung bedeutet, dass er bewegungslos steht. Der Fahrer stellt sich hierfür auf Höhe des Kammdeckels, so dass er mit dem rechten ausgestreckten Arm den Kammdeckel erreicht.

Nun nimmt der Fahrer die Leinen aus der Oberblattstrippe heraus und legt sie geordnet von innen nach außen über den linken Unterarm: linke Leine in Nähe des Handgelenks, rechte Leine in Nähe des Ellbogengelenks. Danach ergreift die rechte Hand die rechte Leine zwischen Zeige- und Mittelfinger unmittelbar hinter der Kreuzschnalle und nimmt Fühlung mit dem rechten Pferd auf. Der Beifahrer sagt dazu: »Fühlung angekommen.« Der Fahrer gleitet auf der rechten Leine nach unten, bis der rechte Arm ausgestreckt ist und hält diese Stelle fest. Nun übergibt die linke Hand die Leine in die rechte Hand zwischen Daumen und Zeigefinger. Kurz nach der Kreuzschnalle verlängert er mit der linken Hand die linke Leine um 5 cm über das jeweilige Normalloch der rechten Leine hinaus. Jetzt übergibt der Fahrer die Leinen der linken Hand in Grundhaltung.

Der Fahrer verlängert die Leinen passend zum Abstand von den Pferden zum Bock. Das Ende des Handstücks liegt über dem linken Unterarm. Bei jungen Pferden legt er eine große Schleife mit der linken Leine unter den linken Daumen, um ein Wegtreten nach rechts zu vermeiden. Mit Blick zu den Pferden geht der Fahrer zum Wagen, steigt auf und setzt sich sofort. Dabei gleitet die Schleife durch. Auf dem Bock legt er das überhängende Leinenende am linken Oberschenkel ab, ergreift die Peitsche, öffnet die Bremse, stellt die Pferde ans Gebiss und fährt geradeaus an.

Das Pferd scheint einen prüfenden Blick in Richtung Wagen zu werfen

Wissens-Check

Schrittweise...

...richtiges Aufsteigen

Was muss vor dem Bereitstellen des Wagens und dem Putzen beachtet werden?

Zunächst muss der Wagen auf Verkehrssicherheit und Betriebstauglichkeit überprüft werden. Dann bringen wir den Wagen an den Ort, an dem wir Einspannen werden, und ziehen die feststellbare Bremse an. Die Deichsel wird in den Deichselschuh gesteckt und die Deichsel mit dem Deichselnagel gesichert. Die Peitsche wird im Köcher deponiert.

Wie werden die Aufhalter verschnallt?

An der Deichselbrille sind die Aufhalter von vorne nach hinten durchgezogen. Sie werden durch die Schlaufen, die unter den Aufhalterschnallen sind, gezogen. Das Ende der Aufhalter wird von oben nach unten versteckt.

Wie wird das Pferd vorbereitet?

Das Pferd wird mit Striegel und Kardätsche von vorne nach hinten in langen Zügen geputzt. Die Mähne wird gebürstet, der Schweif verlesen. Kopf und Gesicht werden mit einem Lappen abgerieben, und die Hufe werden mit dem Hufräumer ausgeräumt.

Wie wird aufgeschirrt?

Man ergreift mit beiden Händen das Kumt und hebt es so hoch, dass die Spitze nach unten zeigt.

Das Pferd sollte von selbst hineinschlüpfen. Ich drehe nun das Kumt oder das Brustblatt mit der Mähne an der dünsten Stelle des Halses (nach dem Genick).
Der Kammdeckel wird auf den Rücken gelegt und der Schweifriemen angelegt.
Der Kammdeckel wird auf seinen richtigen Platz geschoben, der Sprungriemen über den großen Bauchgurt geschoben (entfällt beim Brustblatt), der wird leicht angezogen. Der kleine Bauchgurt geschlossen, die Strippe wird versteckt.

Woran erkenne ich, ob es sich um ein linkes oder rechtes Geschirr handelt?

Alle Verschnallteile bei Kumt oder Brustblatt werden immer auf der jeweiligen Außenseite des Pferdes auf- und zugeschnallt, auch beim Kopfgestell (Fahrzaum).

Geländebeschirrung mit Trainingswagen

Das Fahren

Die Vorbereitungen sind abgeschlossen, die Pferde sind eingespannt, die Fahrt kann beginnen. Nun muss der Fahrer wissen, wie man sicher und richtig aufsteigt und wie man auf dem Bock sitzt. Nur, wenn er richtig sitzt, kann er die Leinen richtig führen und sein Gespann geradeaus anfahren. Dass diese Voraussetzungen beim Fahren besonders wichtig sind, wird deutlich, wenn man sich überlegt, wie viel weniger der Fahrer auf sein Pferd einwirken kann als der Reiter. Die Hilfen des Fahrers beschränken sich auf Stimme, Peitsche und die Leinen. Beim Fahren einer Dressuraufgabe auf dem Turnier ist es sogar nicht gern gesehen, die Stimme einzusetzen und der Fahrer muss sich auf die Leinen und die Peitsche beschränken. Im Dressurviereck werden dann beim Fahren ganz ähnliche Kriterien angesetzt wie beim Reiten. Auf die Gangarten der Pferde wird viel Wert gelegt. Und nicht nur auf dem Dressurplatz müssen die Pferde regulierbar und lenkbar sein, sie müssen sich auch im Straßenverkehr bewegen lassen, ohne sich und andere zu gefährden.

Die Fahrt beginnt

▶ Das Aufsteigen

Der Fahrer steigt folgendermaßen auf den Wagen:

Zuerst werden die Leinen aufgenommen, dann tritt der rechte Fuß auf den angebrachten Aufstieg. Generell wird immer vorwärts aufgestiegen und rückwärts abgestiegen. Zur generellen Unfallverhütung darf der Fahrer nie in die Speichen des Rades treten oder auf dem Rad stehen. Bei älteren Wagen tritt er auf die Nabe, die natürlich trittsicher sein muss. Dann tritt er mit dem linken Fuß auf den dafür angebrachten gerippten Aufstieg auf

Erst werden die Leinen aufgenommen,

dann kann der Fahrer aufsteigen

Man steigt immer vorwärts auf

der Sprengwaage, und danach tritt der rechte Fuß auf den Wagen. Die Reihenfolge: »rechts, links, rechts« muss zur Unfallverhütung immer beigehalten werden. Der Fahrer würde sonst die Beine kreuzen.

Mit beiden Armen hält sich der Fahrer an der vorgesehenen Halterung fest. Hat der Fahrer mit beiden Beinen den Wagen erreicht, setzt er sich sofort auf den Bock, nimmt mit der rechten Hand das Leinenende vom linken Unterarm und legt es am linken Oberschenkel herab, ergreift die Peitsche mit der rechten Hand und gibt sie in die linke Hand zwischen Daumen und Zeigefinger. Mit der freien rechten Hand öffnet er die Bremse, stellt die Pferde an das Gebiss und kann dann geradeaus anfahren.

Das richtige Sitzen

Der Bockkeil weist eine schräge Stellung auf, damit der Fahrer richtig Halt hat. Man spricht vom »Sitzen« auf dem Bock, aber durch die Schrägstellung des Bockkeils neigt der Fahrer eher zum Stehen.

Sobald er auf dem Bock sitzt, legt der Fahrer das Leinenende auf den linken Oberschenkel

In dieser Stellung ist es dem Fahrer möglich, durch seine gestreckten und leicht gespreizten Beine richtig Halt zu bekommen. Um den Bockkeil herum sind seitlich und hinten Erhöhungen eingebaut, damit der Halt noch verbessert wird. Der Fahrer muss so hoch sitzen, dass er über sein Gespann hinwegschauen kann. Nur dann kann er vorausschauend fahren.

Der Fahrer trägt die Hände aufrecht, die Leinen stehen leicht am Gebiss der Pferde an. Die Pferde sollen sich jetzt beim Fahren über das Gebiss und die Leinen, und damit auch über die Fahrerhand, Kreuz und Beine abstoßen. Das An- und Nachgeben geschieht in den Handgelenken des Fahrers.

Der richtige Sitz des Fahrers auf dem Bock verschafft ihm Sicherheit

Leinenführung und richtiges Anfahren

Ist der Fahrer auf dem Bock angekommen, hat er sich unverzüglich zu setzen. Ein prüfender Blick auf die Leinen sagt ihm, ob die Verbindung zum Pferdemaul gegeben ist. Jetzt die Leinen zu verkürzen oder zu verlängern ist besser, als mit zu kurzen oder zu langen Leinen zu fahren.

Ist dann die Bremse geöffnet, wird der ungeübte Fahrer die Arbeits- oder Dressurhaltung einnehmen, damit er beide Pferde gleichmäßig führen kann. Von Nachteil ist dabei, dass er die Peitsche bei Bedarf nicht korrekt einsetzten kann, wenn er die Leine in beiden Händen hält. Dagegen kann der geübte Fahrer mit einer Hand die Leinen führen und somit korrekt mit der Peitsche einwirken, wenn bei einem Pferd dies notwendig sein sollte.

Hier wird in Arbeits- oder Dressurhaltung weggefahren

Man achte immer darauf, auch aus erzieherischen Gründen, dass möglichst immer geradeaus angefahren wird.

Ein absoluter Stillstand der Pferde vor dem Wegfahren gehört zum Ausbildungsprogramm eines Fahrpferdes. Das Stehen kann unter anderem länger dauern, man denke an gehbehinderte Personen beim Aufsteigen auf den Wagen, oder aber auch an das Halten an Ampeln während der Ausfahrt oder das Achten der Vorfahrt auf der Straße.

Zum Anfahren stellt man die Pferde mit einem kurzen verstärkten Annehmen der Leinen an das Gebiss. Die Leinen dürfen nicht zurückgezogen werden. Für gut gefahrene Pferde ist das Annehmen eine Aufforderung zum Antreten. Im selben Moment gibt der Fahrer die Leinen nach vorne Richtung Pferdemaul nach. Aber: Nachgeben heißt nicht, dass man die Leinen wegwirft und keine Verbindung zum Pferdmaul mehr hat! Der Fahrer achtet darauf, dass beide Pferde gleichmäßig und miteinander antreten,

Vor dem Fahren wird die Peitsche bereitgestellt

auch dieses trägt zum Geradeausfahren bei. Fehlerhaft ist auf jeden Fall beim Anfahren, wenn der Fahrer nicht nach dem Annehmen sofort nachgibt, denn zum Antreten brauchen die Pferde etwas mehr Leine, bis sie richtig im Gang sind und der Wagen rollt. Sensible oder junge Pferde werden bei nicht genügendem Nachgeben durch die Hand des Fahrers gestört. Steigen oder Widersetzlichkeit sind die Folgen eines falschen Anfahrens.

▸ Allgemeine Hilfengebung

Im Gegensatz zum Reiter hat es der Fahrer schwerer, seine Hilfen beim Pferd umzusetzen. Der Reiter ist unmittelbar mit dem Pferd verbunden, der Fahrer gibt seine Hilfen vom Bock aus.

Als Hilfen bezeichnen wir die Stimme, die Peitsche und die Leine. Die Stimme sollte nur beim Longieren und bei jungen Pferden eingesetzt werden. Während einer Dressuraufgabe auf dem Turnier wird sie nicht geduldet. So bleiben dem Fahrer als Hilfen nur noch die Leine und die Peitsche. In manchen Fällen kann die Bremse noch als Unterstützung zusammen mit der Leine eingesetzt werden.

Beim Fahren unterscheiden wir die nachgebende Hilfe, die überwiegen sollte, und die annehmende Hilfe. Beide zusammen fördern während des Fahrens eine dauernde weiche federnde Verbindung zwischen dem Maul des Pferdes und der Fahrerhand. Sämtliche Wendungen werden daher immer mit einer nachgebenden Hilfe an der äußeren Leine eingeleitet. (Die einzige Ausnahme ist die Rechtsumkehrtwendung, die durch Verkürzen der rechten Leine um ein größeres Stück mit einer annehmenden Leinenhilfe gefahren wird.)

Sämtliche treibenden Hilfen werden nur mit der Peitsche gegeben. Deshalb muss das Pferd die Peitsche achten, darf sie aber nicht fürchten. An den Gebrauch der Peitsche muss das Pferd von Anfang an gewöhnt werden. Schon von zu Beginn der Ausbildung wird es deshalb mit der Peitsche longiert.

Die Peitschenhilfe kann sowohl treibend als auch versammelnd oder verwahrend eingesetzt werden. Die Peitsche hält der Fahrer während des Fahrens immer in der Hand, um sie jederzeit einsetzen zu können. Sämtliche Peitschenhilfen werden aus dem freien rechten Arm, von einem lockeren Handgelenk aus, gegeben. Der Peitschenstock wird auf dem Oberschenkel durch die rechte

Lehrmeister und Jungpferd bei einer Übungsfahrt

Hand geschoben, so dass man die ganze Länge zur Verfügung hat. Die Hilfe soll so erfolgen, dass nur das Pferd, das die Hilfe bekommen soll, angesprochen wird. Deshalb müssen die Blendklappen so verschnallt sein, dass das zweite Pferd die Hilfengebung von hinten nicht sieht.

Der Peitschenschlag soll in Höhe des Kammdeckels ohne Geräusch von unten nach oben gegeben werden. Die Stärke der Hilfe richtet sich immer nach der Reaktion des jeweiligen Pferdes. Bei der treibenden Hilfe darf der Fahrer niemals mit der Leinenhand rückwärts wirken. Die Pferde dürfen aber nicht davoneilen. Bei der versammelten Peitschenhilfe hält der Fahrer vermehrt mit der Leine eine Verbindung zu den Pferdemäulern, ohne dabei im Handgelenk hart zu sein. Die Peitschenhilfe kann nun stärker eingesetzt werden. Die verwahrende Peitschenhilfe setzt der Fahrer ebenfalls hinter dem Kammdeckel ein. Vermehrtes und stärkeres Anlegen der Peitschenschnur führt Stellung und Biegung herbei.

Bei dieser Dressurarbeit ist das linke Pferd im Genick verworfen, das rechte Pferd läuft korrekt

Auch das Hindernisfahren muss geübt werden

Fahren im öffentlichen Straßenverkehr

Das Fahren ist ebenso wie das Reiten prinzipiell auf allen öffentlichen Straßen und Wegen erlaubt. Öffentlich sind alle Straßen, Wege und Plätze, auf denen für jedermann allgemeiner Verkehr stattfindet. Maßnahmen der Straßenverkehrsordnung, z. B. Verkehrszeichen oder andere Vorschriften, schränken die Nutzung des öffentlichen Raumes wieder ein. Ausbau und Zustand von Straßen und Wegen sowie das Vorhandensein amtlicher Verkehrszeichen sind Erkennungsmerkmale für die Bereiche, in denen die Straßenverkehrsordnung gilt.

Die Straßenverkehrsordnung gilt grundsätzlich für alle Verkehrsteilnehmer. Alle Gespanne, also auch Kutschen, Wagen und Schlitten sind Fahrzeuge im verkehrsrechtlichen Sinne, jedoch keine Kraftfahrzeuge. Der Fahrer ist generell verantwortlich für

§ 1 der Straßenverkehrsordnung

Die Teilnahme am Straßenverkehr erfordert ständige Vorsicht und gegenseitige Rücksicht! Jeder Verkehrsteilnehmer hat sich so zu verhalten, dass kein anderer geschädigt, gefährdet oder mehr als nach den Umständen unvermeidbar behindert oder belästigt wird.

sein Fahrzeug. Er muss deshalb die Regeln der Straßenverkehrsordnung gut kennen und beachten.

Der Fahrer sollte immer daran denken, dass das Pferd ein Fluchttier ist. Pferde können deshalb im Straßenverkehr unberechenbar reagieren. Nach § 28/1 der StVO müssen die Pferde so ausgebildet und verkehrssicher sein, dass sie den öffentlichen Straßenverkehr nicht gefährden. Es ist wichtig, dass Fahrpferde in Ruhe auf die Begegnungen im Straßenverkehr vorbereitet werden. Ein junges Pferd kann hier viel von einem älteren erfahrenen lernen.

Der Halter des Fahrzeugs, also der Besitzer der Kutsche, ist für die Betriebs- und Verkehrssicherheit verantwortlich. Weiterhin muss er dafür darauf achten, dass der Fahrer zur selbstständigen Leitung des Gespannes körperlich und geistig geeignet ist.

Die Verantwortung für das Gespann liegt beim Fahrer. Er muss zur selbstständigen Leitung des Fahrzeugs geeignet sein. Deshalb wird dringend geraten, dass alle, die eine Kutsche fahren wollen, an Lehrgängen zum Fahrabzeichen teilnehmen.

Im Straßenverkehr ist der Fahrer für sein Gespann verantwortlich

Beim Fahren im Straßenverkehr muss die Straßenverkehrsverordnung beachtet werden

Das Mindestalter von Fahrer und Beifahrer gemäß LPO bezieht sich auf das sportliche Fahren.

Desweiteren ist nach den §§ 2 und 3 der StVO eine Person nicht geeignet, ein Gespann zu fahren, wenn sie körperlich nicht in der Lage ist, dieses in jeder Verkehrslage zu beherrschen.

Das Fahren auf Gehwegen, ausgeschilderten Rad- und Reitwegen ist nach § 41/2 Nr. 5 StVO verboten. Sind parallel zur Fahrbahn verlaufende befestigte Wirtschaftswege vorhanden, die für

Altersgrenzen zum sportlichen Fahren

Das Mindestalter für Fahrer beträgt 18 Jahre, für Beifahrer 14 Jahre. Folgende Ausnahmen sind möglich:

- Kat. B, Ein- und Zweispänner: Wenn der Beifahrer mindestens 18 Jahre alt ist, beträgt das Mindestalter des Fahrers nur 12 Jahre.
- Kat. A, Ein- und Zweispänner: Wenn der Beifahrer mindestens 18 Jahre alt ist, beträgt das Mindestalter des Fahrers nur 14 Jahre.
- Vier- und Mehrspänner: Wenn der Beifahrer mindestens 18 Jahre alt ist, beträgt das Mindestalter des Fahrers nur 16 Jahre.

Das Richtungszeichen wird während des gesamtes Abbiegens beibehalten

land- und forstwirtschaftliche Fahrzeuge freigegeben sind, sollte der Fahrer auf diese Wege ausweichen. Es ist für ihn und für alle anderen Verkehrsteilnehmer sicherer, wenn er nicht im direkten Autoverkehr fahren muss. Der Autoverkehr kann außerdem ohne die Behinderung durch die Kutsche schneller fahren.

Zeichen geben

Jede Fahrtrichtungsänderung ist rechtzeitig und deutlich durch Ausstrecken des Armes oder mit einer Kelle anzukündigen. Kein Verkehrszeichen darf mit der Peitsche erfolgen. Fälschlicherweise ist ab und zu noch zu sehen, dass ein Gespann links abbiegt und der Fahrer mit der Peitsche und abgewinkeltem rechten Arm über den Kopf ein Zeichen nach links gibt. Dieses Zeichen ist nicht korrekt. Sollte es zu einem Unfall kommen, haftet der Fahrer, der ein falsches Zeichen gegeben hat.

Das Richtungszeichen nach links wird vom Beifahrer, das Zeichen nach rechts vom Fahrer selbst gegeben. Das so genannte Achtungszeichen, bei dem die Hand nach oben gestreckt wird, wird vom Fahrer gegeben. Gibt der Beifahrer das Verkehrszeichen, haftet er bei einem eventuellen Unfall ebenso wie der Fahrer.

Das Fahren im Gelände

Das Fahren im Gelände ist durch zahlreiche Gesetze und Vorschriften geregelt. Auf Bundesebene greifen das Bundeswaldgesetz, das Landeswaldgesetz und das Bundesnaturschutzgesetz. Auch auf der Ebene der Bundesländer gibt es unterschiedliche Verordnungen und Vorschriften. Es ist deshalb immer die Genehmigung der zuständigen Stelle, meistens des Forstamtes, einzuholen, bevor im Gelände und Wald gefahren wird.

Zur Abzeichenprüfung muss auf dem Dresurplatz gefahren werden

▸ Das Fahren auf dem Dressurplatz

Es gibt zwei Platzgrößen für das Fahren auf dem Dressurplatz: Der Platz für Ein- und Zweispänner hat die Maße 40 x 80 m und der für Mehrspänner 40 x 100 m. Das Viereck sollte ordentlich mit so genannten Rails begrenzt werden. Die Buchstaben werden immer an gleicher Stelle abgemessen postiert. Die Buchstaben, die in der Bahn sind, wie beispielsweise das »X« in der Bahnmitte, muss sich der Fahrer einprägen. Die Anordnung sowie die Abmessungen zwischen den Buchstaben sehen Sie anhand der vorhandenen Abbildungen.

Die Hauptpunkte durch die Länge der Bahn sind C und A. Gegenüber von C befindet sich der Buchstabe A. Dort ist auch immer die Einfahrt. Den Mittelpunkt des Vierecks bildet der Buchstabe X. Weiter sind noch angeordnet die halben Bahnpunkte B und E auf der Mitte der jeweiligen langen Seite, und die Wechselpunkte M, F, K und H. Diese sind immer zehn Meter von der Ecke entfernt. Unterstützend beim Fahren von Dressuraufgaben sind die so genannten Zirkelpunkte. Diese können mit Kegeln oder anderen Markierungspunkten gekennzeichnet werden.

Bei Trainingsabschnitten aus einer Dressuraufgabe muss nicht immer ein genormter und mit Buchstaben ausgerüsteter Platz vorhanden sein, denn Schritt – Trab – Übergänge sowie Volten, Stellen und Biegen können überall gefahren und geübt werden. Ein geübter Fahrer wird nie während des Trainings auf einem ausgezeichneten Platz die Dressuraufgabe zusammenhängend fahren, sondern einzelne Ausschnitte an irgendeiner Stelle üben. Es ist besser, das Rückwärtsrichten sowie das Halten an einer anderen Stelle als in der Aufgabe zu fahren, damit die Pferde sich nicht an den Ablauf gewöhnen.

Nach der Ausbildungsprüfungsordnung (APO) müssen ab dem Fahrabzeichen der Klasse III bis hinauf zur Klasse I verschiedene Dressuraufgaben ebenso wie das Hindernisfahren gelehrt, geübt und gefahren werden. Der Ausbilder sollte mit den Fahrschülern die jeweils erforderlichen Aufgaben besprechen, das Viereck abmessen und den Dressurplatz mit den erforderlichen Buchstaben kennzeichnen.

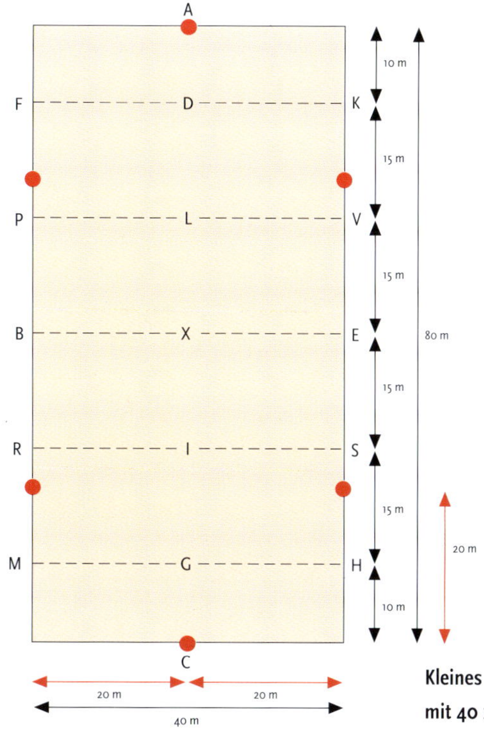

Kleines Dressurviereck mit 40 x 80 Metern

Die Gangarten in einer Dressuraufgabe

Alle Anforderungen hinsichtlich der Gangarten in den Dressurprüfungen sind nach § 715 der LPO und im Aufgabenheft, das zur LPO gehört, geregelt. Generell wird nach den Kriterien der Ausbildungsskala ausgebildet und auch gefahren (siehe Ausbildungsskala S. 92). Das Pferd muss sich generell im Gleichgewicht bewegen, eine gewisse Selbsthaltung wird erwünscht, wobei das Genick der höchste Punkt ist. Der Nasenrücken ist vor der Senkrechten.

Beim Stilhindernisfahren sind Sitz, Haltung und Leinenführung von Wichtigkeit

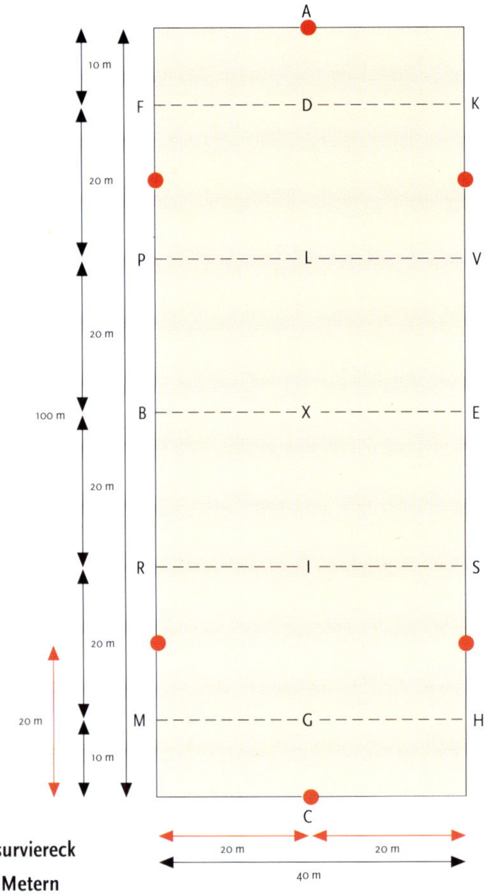

Großes Dressurviereck mit 40 x 100 Metern

Zu einer Dressuraufgabe gehört auch das Anfahren. Beim Anfahren wird auf williges und gleichmäßiges Antreten großen Wert gelegt.

Dem Anfahren folgt in der Regel der Schritt: Wir unterscheiden Schritt am Gebiss und Schritt je nach der Schwere der Aufgabe oder Ausbildungsstand der Pferde. Der Schritt muss auf jeden Fall taktrein, raumgreifend und fleißig sein, eine Anlehnung ist nicht gefordert, die Leinen sollen leicht anstehen und der Rahmen kann sich erweitern. Schritt am Gebiss wird bei ausgebildeten Pferden ab der Klasse M gefordert, dabei wird eine vermehrte Anlehnung gefordert, die Leinen müssen anstehen, der Fahrer darf aber auf keinen Fall die Vorwärtsbewegung behindern. Ein klarer Viertakt ist anzustreben.

Im Trab sprechen wir von drei Gangmaßen. Entsprechend den Anforderungen der jeweiligen Klasse werden über die Grundgangarten hinaus die entsprechenden Gangmaße gefordert. Als Gangmaß bezeichnet man die Tempounterschiede der Gangart Trab beim Pferd: der Gebrauchstrab, den versammelten Trab und den starken Trab. In Basis- und Aufbauprüfungen sowie in der Klasse A wird im Trabe nur das Zulegen gefordert.

Der Gebrauchstrab wird zwischen dem versammelten Trab und starkem Trab eingeordnet. Das Pferd ist gelöst, locker und in relativer Aufrichtung, die Hinterhand ist aktiv genug, damit sich ein gewisser Schwung im Zweitakt entwickeln kann. Die Anlehnung soll weich und dauerhaft sein.

Beim versammelten Trab wird eine aktivere Hankenbeugung der Hinterbeine gefordert. Die Hinterhand setzt sich vermehrt unter den Schwerpunkt des Pferdes und nimmt dabei die Last der Vorhand auf, deshalb kann sich die Vorhand heben. Der Rahmen des Pferdes wird verkürzt, die Tritte werden erhabener: Man spricht auch von Kadenz. Die Hinterbeine treten dabei bis an die Spur der Vorderbeine heran. Durch eine vermehrte Anlehnung, veranlasst durch die Fahrerhand über die Leine, verändert sich auch die relative Aufrichtung. Niemals darf der Fahrer generell festhalten oder die Vorwärtsbewegung behindern. Ein vermehrtes Gegenhalten, das von weichen federnden an- und nachgebenden Hilfen unterstützt wird, führt zum Erfolg.

Im starken Trab wird der verkürzte Rahmen beim versammelten Trab durch nachgebende Hilfen durch das Handgelenk und die Leinen erweitert. Die Tritte werden verlängert, dürfen aber nicht schneller oder eilig werden. Schwung und Schub lassen die Hinterhufe deutlich über die Spur der Vorderhufe hinaustreten. Eine energische Vorwärtsbewegung im Takt, Schwung und Raumgriff zeichnen den starken Trab aus. Zulegen heißt: Die Tritte beim Pferd verlängern sich. Durch Raumgriff gewinnt das Pferd mehr Boden, auf keinen Fall dürfen die Tritte schnell oder eilig werden. Die Hinterhand darf die Aktivität nicht verlieren. Der Hals darf sich etwas dehnen, der Nasenrücken ist mehr vor der Senkrechten. Takt sowie eine gewisse Anlehnung sollen gegeben sein. Das Zulegen wird aus dem Gebrauchstrab heraus entwickelt,

Besprechung einer korrekten Parcourlinie

Die Durchfahrt ist geglückt

dagegen starker Trab kann nur aus einer Versammlung entwickelt werden.

Zur Dressuraufgabe gehört auch das korrekte Halten. Das oder die Pferde sollen dabei gerade gerichtet sein, geschlossen und alle vier Beine gleichmäßig belastend im absoluten Stillstand willig am Gebiss stehen. Ein Zurücktreten von einem oder mehreren Pferden ist zu vermeiden. Das Rückwärtsrichten erfordert höchsten Ausbildungsgrad eines Fahrpferdes. Es soll in diagonaler Fußfolge im Zweitakt ohne Schwebephase erfolgen. Gehorsam und Durchlässigkeit sind gefordert. Das Pferd oder die Pferde müssen dabei korrekt am Gebiss stehen und alle vier Beine belasten. Ab der Klasse M ist die Anforderung von einer Pferdelänge bis zu drei Metern auszuführen.

In Basis- und Aufbauprüfungen über die Klasse A bis M werden in den Aufgaben Leinen aus der Hand kauen lassen gefordert. Aus einer leichten Anlehnung wird durch Nachgeben in den Handgelenken oder Verlängern der Leinen ein Dehnen des Halses nach vorwärts-abwärts angestrebt. Takt und Tempo müssen erhalten bleiben. Der Nasenrücken ist vor der Senkrechten.

▸ Die Grundgangarten und deren Fußfolge

Jeder Ausbilder, Fahrer und Fahrschüler muss über die Grundgangarten Bescheid wissen. Die Grundgangarten, die das Pferd in ungezwungener Weise von Natur aus mitbringt, müssen wir erhalten, fördern und verfeinern. Deshalb müssen Ausbilder und Fahrschüler den genauen Bewegungsablauf in den drei Grundgangarten kennen. Nur dann sind sie in der Lage gegebenenfalls darauf einzuwirken.

Der Schritt ist eine schwunglose schreitende Bewegung im Viertakt und in acht Phasen, bestehend aus aneinander gereihten Schritten. Der Bewegungsablauf im Schritt ist folgendermaßen: die Pferdebeine bewegen sich gleichseitig, aber nicht gleichzeitig, in gleichmäßigem Takt nacheinander. Beginnend vorne links, folgen hinten links, vorne rechts und hinten rechts. Es wechseln sich jeweils Drei- und Zweibeinstütze ab. Der Viertakt im Gleich-

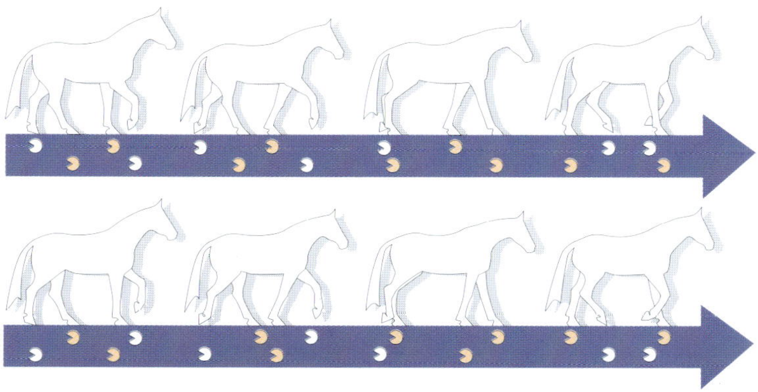

Schritt

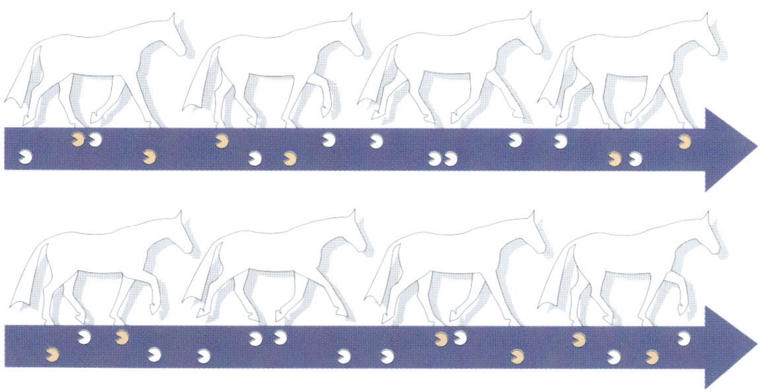

Trab

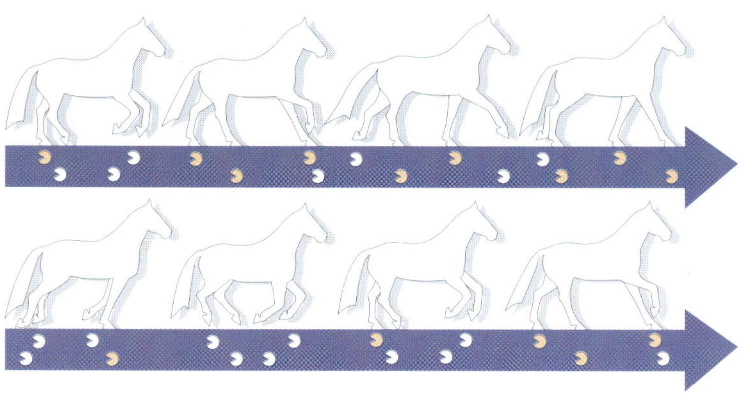

Galopp

maß kann am besten auf harten Boden gehört werden. Sollte das Beinpaar sich gleichseitig und gleichzeitig bewegen und aufsetzen, so sprechen wir von der Gangart Pass. Man merke sich: Der Schritt ist die wichtigste Gangart. Der Schritt soll fleißig und taktrein und mit gutem Raumgriff ausgestattet sein.

Der Trab ist im Gegensatz zum Schritt eine schwunghafte Bewegung im Zweitakt mit vier Phasen. Der Trab besteht aus aneinander gereihten Tritten. Der Bewegungsablauf im Trab: Das diagonale Beinpaar bewegt sich gleichzeitig vorwärts und wird auch gleichzeitig wieder aufgesetzt, dann erfolgt ein kurzer Moment der freien Schwebe, alle vier Beine sind vom Boden entfernt. Danach bewegt sich das andere diagonale Beinpaar vorwärts, und jetzt sind wiederum alle Beine vom Boden entfernt. Zum Beispiel: vorne rechts und hinten links gleichzeitig, dann der Moment der Schwebephase, dann folgen vorne links und hinten rechts, dann wiederum die freie Schwebe. Ein guter Trab zeichnet sich dadurch aus, dass die Hinterbeine über die Spur der Vorderbeine hinaustreten. Der Trab muss taktrein, schwungvoll und mit gutem Raumgriff versehen sein.

Der Galopp ist eine schwunghafte Bewegung im Dreitakt mit sechs Phasen. Er besteht aus aneinandergereihten Sprüngen. Zwischen den Sprüngen befindet sich ein Moment der freien Schwebe. Den Galopp un-

Prüfender Blick zur Leinenführung

Bei einer Dresuraufgabe sind taktreine Bewegungen gefordert

terscheiden wir in einen Links- und einen Rechtsgalopp. Dieser ist an dem jeweiligen Beinpaar zu erkennen, das weiter nach vorne springt. Zur Fußfolge: Der Galopp beginnt mit dem jeweiligen äußeren Hinterbein, dann folgen gleichzeitig das innere Hinterbein und das äußere Vorderbein, gefolgt von dem inneren Vorderbein. Am Schluss steht die Schwebephase. Der Bewegungsablauf im Linksgalopp über die sechs Phasen sieht beispielsweise folgendermaßen aus: Einbeinstütze hinten rechts, die Dreibeinstütze hinten rechts gemeinsam mit hinten links und vorne rechts, nun folgen die Zweibeinstütze hinten links und vorne rechts und die erneute Dreibeinstütze linker Vorderfuß. Als letzte der sechs Phasen folgt die freie Schwebe. Die Gangart Galopp wird im dressursportlichen Fahren nicht gefordert, sie wird lediglich beim Hindernisfahren oder Geländehindernisfahren zwischen Start und Ziel oder zwischen Ein- und Ausfahrt gefahren.

Das Rückwärtsrichten

Generell ist das Rückwärtsrichten keine Grundgangart. Aber auch hier wird ein geregelter Bewegungsablauf gefordert: Der Bewegungsablauf beim Rückwärtsrichten ist ein Zweitakt aus einer Fußfolge von aneinander gereihten Tritten. Immer zwei diagonale Füße werden gleichzeitig nach hinten bewegt und auch gleichzeitig aufgesetzt. Es folgt das gegenüberliegende Beinpaar.

Wissens-Check

Wer gibt die richtigen Richtungszeichen und wie werden sie gegeben?

Der Beifahrer gibt das Richtungszeichen links durch deutliches seitliches Armausstrecken oder mit der Kelle. Der Fahrer gibt das Richtungszeichen nach rechts mit ausgestrecktem Arm oder Kelle. Der Fahrer sieht sich um.

Welche Hilfen sollte der Fahrer kennen?

Die Stimme, die Leinen, die Peitsche und gegebenenfalls die Bremse.

Welche Peitschenhilfen gibt es?

Die vorwärtstreibende, die versammelnde und die verwahrende Peitschenhilfe.

Wie werden Peitschenhilfen richtig gegeben?

Aus dem rechten freien Arm von unten nach oben in Höhe des Kammdeckels.

Nach getaner Arbeit können sich Lehrer und Fahrschüler entspannen

Wissens-Check zum Fahrpass

Die Prüfung zum Deutschen Fahrpass besteht aus einem praktischen Teil, bei dem kleine natürliche Hindernisse überwunden werden müssen, und einem theoretischen Teil. Die Prüfung ist vermehrt auf das Geländefahren ausgerichtet.

Deshalb werden bei dieser Prüfung neben der Fahrlehre auch Grundkenntnisse der Pferdehaltung (z.B. Fütterung, Krankheiten) und des richtigens Verhaltens des Fahrers mit seinem Gespann im Gelände abgefragt. Auch Rechtsvorschriften sind Teil der Prüfung.

Was versteht man unter P.A.T.-Werten?

Puls, Atmung und Temperatur des Pferdes.

Woran kann man erkennen, ob das Pferd gesund ist?

Man prüft Puls, Atmung und Temperatur.

Wie hoch ist der Puls eines Pferdes in Ruhe?

28 bis 44 Schläge in der Minute.

Wie oft atmet ein Pferd in Ruhe?

Acht bis sechszehn Atemzüge macht ein Pferd in der Minute.

Wie hoch ist die Normaltemperatur eines Pferdes?

37,5 bis 38,2 Grad Celsius.

Welche Anzeichen deuten auf eine Krankheit hin?

Teilnahmslosigkeit, Lustlosigkeit, Unruhe, Schweißausbrüche, Appetitlosigkeit, Nasenausfluss, Husten oder Stöhnen.

Was tut man bei starken Blutungen?

Man ruft so als erstes den Tierarzt und legt dann eventuell einen Druckverband an.

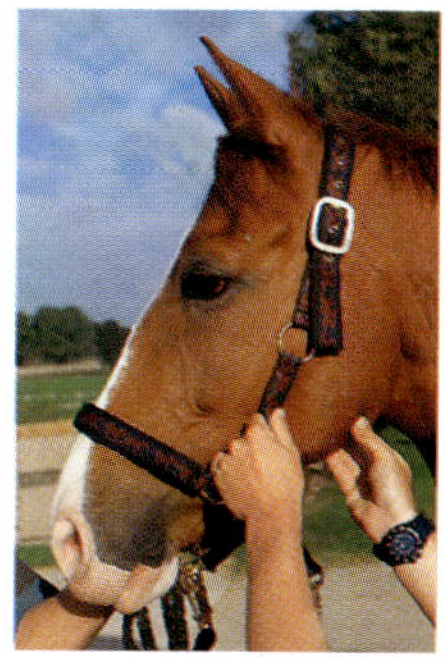

Der Puls wird am besten an der Ganascheninnenseite gemessen

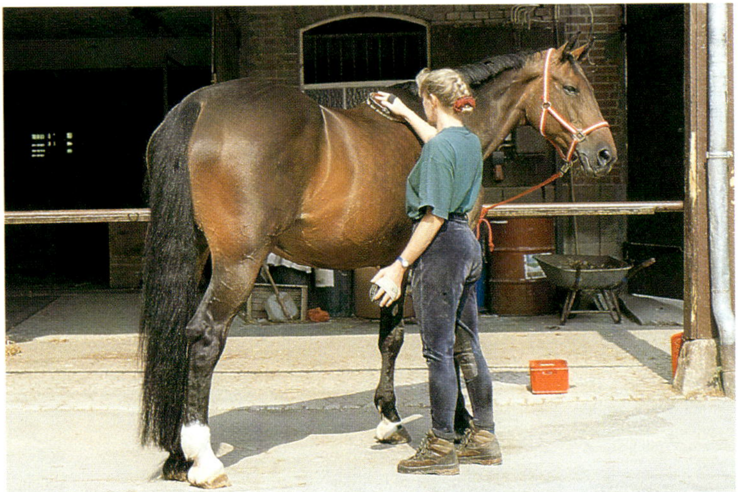

Zum Fahren gehört auch immer ein gepflegtes Pferd

Wie legt man einen Druckverband an?

Eine saubere Wundauflage wird mit einer Binde so stramm auf die Wunde gebunden, dass die Blutung gestillt wird.

Was muss bei einem Druckverband beachtet werden?

Der Druckverband darf nicht zu lange am Pferd bleiben, da sonst die Gefahr besteht, dass die Gliedmasse abgeschnürt wird.

Was ist bei Husten zu tun?

Pferde, die kein Fieber haben, dürfen schonend an der frischen Luft bewegt werden. Wenn das Pferd mehrere Tage hustet oder Fieber hat, muss der Tierarzt gerufen werden.

Woran erkennt man eine Kolik?

Das Pferd scharrt mit den Vorderbeinen, sieht sich häufig zum Bauch um, stellt die Hinterbeine nach hinten weiter heraus und schlägt mit dem Schweif. Die meisten Pferde mit Kolik wälzen sich häufig.

Was ist bei Kolik zu tun?

Bei Verdacht auf Kolik muss der Tierarzt gerufen werden.

Was ist bei einer schweren Lahmheit zu tun?

Bei schweren Lahmheiten muss man den Tierarzt holen.

Wie oft am Tag muss ein Pferd gefüttert werden?

Mindestens dreimal am Tag, wenn möglich viermal täglich.

Welche Futterarten gibt es?

Raufutter, Kraftfutter, Mineralien, Vitaminfutter und Saftfutter.

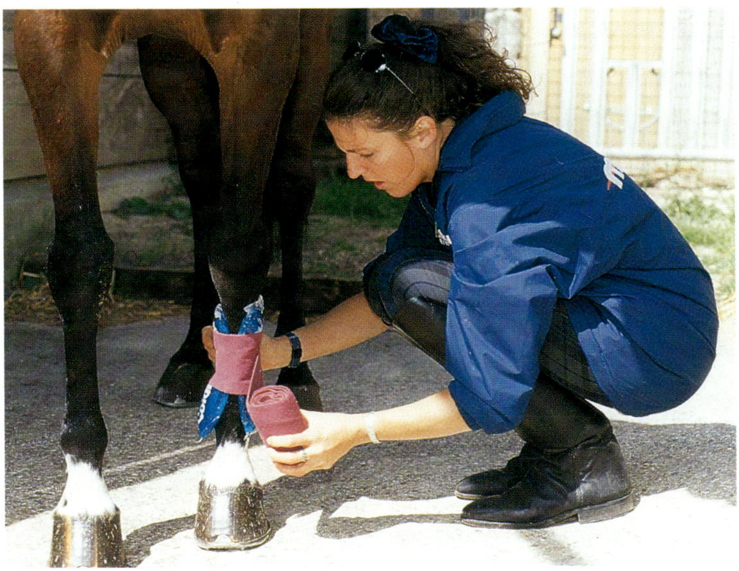

Bei manchen Lahmheiten ist es gut, dass Bein mit einer Kühlbandage zu kühlen

Was sind die wichtigsten Raufutter für Pferde?

Heu, Silage und Stroh.

Wie oft am Tag muss ein Pferd getränkt werden, das keine Selbsttränke hat?

Drei- bis viermal am Tag, vor und nach dem Füttern müssen Pferde getränkt werden.

Wieviel Futter bekommt ein mittelschweres Warmblutpferd (ca. 600 kg)?

Bei mittlere Leistung erhält ein es drei bis vier Kilo Kraftfutter, fünf bis sechs Kilo Heu und Stroh nach Bedarf.

Was sind die wichtigsten Kraftfutterarten?

Hafer, Gerste, Mais, Roggen, Weizen, Futtermischungen in Müsli- oder Pelletform.

Welche Hauptnährstoffe braucht ein Pferd?

Eiweiß, Fett, Kohlenhydrate und Rohfasern.

Welche Pflanzen sind für Pferde giftig?

Gewöhnlicher Goldregen, Eibe, Gefleckter Schierling, Gift-Wasserschierling, Eisen-

Möhren sind eine gesunde Belohnung

hut, Robinie, Liguster, Großblütiger (blasser) Fingerhut, Frühlings-Adonisröschen, Tollkirsche, Schöllkraut, Herbstzeitlose, Schwarzes Bilsenkraut, Roter Fingerhut, Gewöhnliche Osterluzei, Buchsbaum, Gelber Fingerhut und Mailglöckchen.

Nicht in allen Tierhalterhaftpflichtversicherungen ist das Fahren mitversichert

Was tut man, wenn das Pferd Giftplanzen gefressen hat?

Man muss sofort den Tierarzt rufen.

Wo sind die Gesetze zum Schutz der Tiere zu finden?

Das Tierschutzgesetz ist Teil des Bürgerlichen Gesetzbuches.

Welcher Grundsatz steht im Tierschutzgesetz?

Niemand darf einem Tier ohne vernünftigen Grund Schmerzen, Leiden und Schäden zufügen.

Wiw wird ein Verstoß gegen das Tierschutzgesetz bestraft?

Die Höchststrafe liegt bei einer Freiheitsstrafe bis zu zwei Jahren und bei einer Geldstrafe bis circa 5.000 E.

Was ist eine Tierhalterhaftpflichtversicherung?

Diese Versicherung beinhaltet des Schutz des Versicherungsnehmers, also des Pferdehalters, bei Inanspruchnahme wegen Personen- und Sachschäden, die das gehaltene Pferd fremden Personen zufügt. Nicht alle Versicherungen decken das Risiko des Gespannfahrens automatisch mit ab.

Serviceteil

NÜTZLICHE ADRESSEN

Deutsche Reiterliche Vereinigung e.V. (FN)
Freiherr-von-Langen-Str. 13
48321 Warendorf
Tel. 02581-63620
Fax 02582-62144
www.fn-dokr.de

Bundesverband für Reiten und Fahren in Österreich
Geiselbergstr. 26-32/ 512
1110 Wien
Österreich
Tel. 01-749 92 61
Fax 01-749 9261
www.fena.at

Schweizerischer Verband für Pferdesport
Papiermühlestr. 40 H
3000 Bern 22
Schweiz
Tel. 031-335 4343
Fax 031-335 4358
www.svps.ch

Verein Deutscher Distanzreiter und -fahrer
Habichtstr. 77
45527 Hattingen
Tel. 02324-23841
Fax 02324-54191
www.happy-riders.de/vdd

Vereinigung der Freizeitreiter und -fahrer in Deutschland e.V.
Am Bauernwald 5b
81739 München
Tel. 089-60 60 81 68
Fax 089-60 60 81 23
www.vfdnet.de

FS Test Zentrum Reken
Frankenstr. 37
48734 Reken
Tel. 02864-24 34
Fax 02864-58 60
www.fs-reitzentrum.de

ZUM WEITERLESEN

BARTZ, JÜRGEN: Bis der Tierarzt kommt; Erste Hilfe für Pferde, Stuttgart, 2001
BENDER, INGOLF: Praxishandbuch Pferdefütterung, Stuttgart, 200
BINDER, SIBYLLE / KÄRCHER, GABRIELE: Horse Feelings; Die Welt der Pferde. Frei, geheimnisvoll, faszinierend, Stuttgart, 2001
DEUTSCHE REITERLICHE VEREINIGUNG: Ausbildungs- und Prüfungs-Ordnung, Warendorf, 1999
DEUTSCHE REITERLICHE VEREINIGUNG: Leistungs-Prüfungs-Ordnung, Warendorf, 2000
GOHL, CHRISTIANE: Pferdekunde; Basiswissen rund ums Pferd, Stuttgart 1999
HOFFMANN, MARLIT: Marlit Hoffmanns neue Tricks; Profi-Tipps für Pferdehalter, Stuttgart 2001
HÖLZEL; PETRA: Basis-Pass Pferdekunde; Vorbereitung auf die praktische und theoretische Prüfung, Stuttgart 2000
KÖHLER, HANS JOACHIM: Tempelhüter, Stuttgart, 1995
PAPE, MAX: Die Kunst des Fahrens, Stuttgart, 2002
PODHAJSKY, ALOIS: Die klassische Reitkunst; Reitlehre von den Anfängen bis zur Vollendung, Stuttgart 1998
PODHAJSKI, ALOIS: Meine Lehrmeister, die Pferde, Stuttgart 2001
RAU, BURKHARD UND GISELA: Der richtige Hufschutz für mein Pferd, Stuttgart, 2001
SCHACHT, CHRISTIAN: Pferdekrankheiten; Vorbeugen, erkennen und richtig handeln, Stuttgart, 1999
SCHÄFER, MICHAEL: Handbuch Pferdebeurteilung, Stuttgart 2000
SCHMID-NEUHAUS, ANGELIKA: Das große Fitnessprogramm für Pferde; Die drei Elemente zum Erfolg: Massage, Gelöstes Reiten, Sattelcheck, Stuttgart 2000
SÜESS SCHRÖTTLE, DORIS: Pferde longieren; Ausrüstung, Körperhaltung, gymnastizierende Übungen, Stuttgart, 2001
ZEEB, KLAUS: Die Natur des Pferdes, Stuttgart, 1998

BILDNACHWEIS

Mit 183 Farbfotos von: Archiv Landgestüt Marbach, Gomadingen (S. 68 unten, 69 unten, 70, 90, 91), J. Christen / Kosmos (S. 88), F. v. Döring / Kosmos (S. 94, 151), M. Lins / Kosmos (S. 93), R. Nardmann, Leutenbach (S. 89), H. Streitferdt / Kosmos (S. 95) alle anderen Fotos von C. Salata / Kosmos.

Die Grafiken im Innenteil erstellte C. Koller, Schierhorn.

Autor und Verlag danken dem Landgestüt Marbach, Gomadingen, der Sattlerei Mönch, Lossburg, und der Kühnle Kutschenmanufaktur GmbH, Haiterbach, herzlich für die großzügige Unterstützung der Fotoproduktion mit ihren Pferden und Reitern, ihren Kutschen und ihren Geschirren.

IMPRESSUM

Umschlag von Atelier Reichert, Stuttgart, unter Verwendung von 1 Farbfoto von Christof Salata / Kosmos.

Foto auf dem Buchrücken von B. Schellhammer, Großstadelhofen.

Mit 183 Farbfotos und 22 Illustrationen.

Die Deutsche Bibliothek – CIP-Einheitsaufnahme

Ein Titelsatz für diese Publikation ist bei der Deutschen Bibliothek erhältlich

Gedruckt auf chlorfrei gebleichtem Papier

07. Auflage

ISBN 3-440-08880-4
Redaktion: Silke Behling
Gestaltungskonzept: eStudio Calamar
Gestaltung und Satz: Atelier Krohmer, Dettingen/Erms
Produktion: Kirsten Raue / Claudia Kupferer
Reproduktion: Master Image, Singapur
Printed in Germany / Imprimé en Allemagne
Druck und Binden: Westermann Druck Zwickau GmbH, Zwickau

REGISTER